ALFRED DE MUSSET

LES GRANDS ÉCRIVAINS FRANÇAIS

Coulommiers. — Imp. PAUL BRODARD.

ALFRED DE MUSSET

EN COSTUME DE PAGE

par Achille Deveria.

LES GRANDS ÉCRIVAINS FRANÇAIS

ALFRED DE MUSSET

PAR

ARVÈDE BARINE

PARIS

LIBRAIRIE HACHETTE ET Cⁱᵉ

79, BOULEVARD SAINT-GERMAIN, 79

—

1893

INTRODUCTION

J'adresse ici mes remercîments à toutes les
personnes qui ont bien voulu m'ouvrir leurs
archives ou leurs collections, m'aider de leurs
souvenirs ou de leurs conseils, et me donner
ainsi la possibilité d'écrire ce petit livre.
M. Alexandre Dumas a pris la peine de me
fournir des indications qui m'ont été infiniment précieuses. Madame Maurice Sand m'a
communiqué, avec une confiance dont je lui
suis profondément reconnaissant, un grand
nombre de lettres inédites tirées des archives
de Nohant. M. le Vicomte de Spœlberch de
Lovenjoul, dont l'obligeance et la bonne grâce
sont connues de tous les chercheurs, m'a admis
à profiter des trésors de sa collection; je lui

dois d'avoir pu consulter le *Journal* manuscrit
de Sainte-Beuve et de nombreuses correspon-
dances inédites. M. Maurice Clouard, qui sait
tout ce qu'on peut savoir sur Musset, m'a prêté
libéralement le concours de son inépuisable
érudition et de sa riche bibliothèque. M. Taigny
a mis gracieusement à ma disposition des lettres
autographes et en grande partie inédites de
Musset. D'autres m'ont fourni des renseignements qui ne sont point dans les livres ni dans
les manuscrits. J'acquitte ici envers tous ma
dette de gratitude.

A. B.

ALFRED DE MUSSET

CHAPITRE I

LES ORIGINES — L'ENFANCE

Chaque génération chante pour elle-même et dans son langage. Elle a ses poètes, qui traduisent ses sentiments et ses aspirations. Puis viennent d'autres hommes, avec d'autres idées et d'autres passions, toutes contraires, le plus souvent, à celles de leurs aînés. Ces nouveaux venus demeurent insensibles à ce qui paraissait la veille si émouvant. Leurs préoccupations ne sont plus les mêmes, ni leurs yeux, ni leurs oreilles, ni leurs âmes. S'ils goûtent d'aventure les poètes de la génération précédente, c'est à la réflexion, après une étude, comme s'il s'agissait d'écrivains d'un temps lointain. Encore est-ce à condition de n'avoir plus rien à redouter de leur influence; sinon ils les prennent en aversion, parce qu'il y a chez les jeunes gens un besoin inné, et peut-être salutaire, de penser et de sentir autrement qu'on ne l'avait fait avant eux; ce n'est qu'à cette condition qu'ils prennent conscience d'eux-mêmes.

Musset commence à être un de ces poètes de la
veille, que les têtes grisonnantes restent seules à
comprendre sans effort. Aucun autre, dans notre
siècle, n'avait été aussi aimé. Aucun n'avait éveillé
dans les cœurs autant de ces longs échos qui ne
naissent que d'un accord intime avec le lecteur, et
qu'un simple plaisir d'art est impuissant à produire.
Il n'en a pas moins subi la loi commune. Nos enfants
ont déjà besoin qu'on leur explique pourquoi nous
ne pouvons entendre un vers de lui, fût-ce le plus
insignifiant, sans ressentir une émotion, triste ou
joyeuse; pourquoi chacun de nos bonheurs, chacune
de nos souffrances, fait remonter à notre mémoire
une page de lui, une ligne, un mot qui nous con-
sole ou nous rit. Leur dire ces choses, c'est trahir
le secret de nos rêves et de nos passions, c'est
avouer combien nous étions romanesques et senti-
mentaux, et nous couvrir de ridicule aux yeux de
nos fils, qui le sont si peu. Tel sera pourtant l'objet
de ce petit livre, et tous les historiens à venir de
Musset seront contraints d'en faire autant, quoi qu'il
puisse leur en coûter. L'âme du poète des *Nuits* est
reliée par des fils, si nombreux et si forts à l'âme
des générations qui eurent vingt ans entre 1850 et
1870, qu'il serait vain d'essayer de les séparer.
Qu'on en fasse un reproche à Musset, ou qu'on y
voie au contraire son principal titre de gloire, il
n'importe : parler de lui, c'est parler des multi-
tudes qu'il avait subjuguées, pour leur bien ou pour
leur mal.

On ne saurait imaginer pour un enfant de génie un berceau plus heureux que celui d'Alfred de Musset. Il naquit à Paris, le 11 décembre 1810, dans une vieille famille où l'amour des lettres était de tradition et où tout le monde, de père en fils, avait de l'esprit. Sans remonter jusqu'à Colin de Musset, ménestrel de profession au XIIIe siècle, qui ne s'appelait peut-être que Colin Muset, un grand oncle du poète, le marquis de Musset, avait eu un vif succès, en 1778, avec un roman par lettres, « dicté par l'amour de la vertu », disait la préface, et portant ce titre assorti à la préface : *Correspondance d'un jeune militaire, ou Mémoires de Luzigny et d'Hortense de Saint-Just.* Ce vieux marquis, qui ne mourut qu'en 1839, représentait pour ses petits-neveux l'ancien régime, y compris les temps féodaux. Son château avait des parties moyen âge, aux embrasures profondes, aux planchers doubles, dissimulant trappe et cachette. Lui-même marchait le jarret tendu et les pointes en dehors, en homme qui avait porté la culotte courte. Il méprisait profondément les journaux, ne manquait jamais de se découvrir lorsqu'il rencontrait dans une « gazette » le nom d'un membre de la famille royale, et n'avait cependant pas complètement échappé à l'influence de Rousseau. Il lui arrivait d'écrire des phrases à la Jean-Jacques : « On n'est heureux qu'à la campagne, on n'est bien qu'à l'ombre de son figuier ». D'une dévotion extrême, il avait fait sur ses vieux jours, en 1827, une satire contre les Jésuites, signée

Thomas Simplicien. Les jeunes gens de la famille se trouvaient chez lui en pays de Cocagne, mais il ne comprenait rien au romantisme.

Le père d'Alfred de Musset, M. de Musset-Pathay, beaucoup plus jeune que le marquis, n'en voulait pas comme lui à la Révolution, qui lui avait rendu le service de lui ôter son petit collet et lui avait donné son empereur. Il avait entremêlé dans son existence la guerre, la littérature et les fonctions publiques. La même diversité se retrouve dans ses écrits, où il y a un peu de tout : roman, histoire, récits de voyages, travaux d'érudition. Sa biographie de Rousseau, où il prend sa défense contre la coterie Grimm, est une œuvre patiente et sérieuse, et il avait d'autre part le goût et le talent des vers plaisants. Gai, spirituel, prompt à la riposte et mordant à l'occasion, c'était au demeurant le meilleur des hommes. Il fut un père aimable, trop indulgent, très XVIIIᵉ siècle d'esprit. Ce dernier point est à retenir. — Pas plus que son oncle le marquis, M. de Musset-Pathay ne comprenait rien au romantisme.

Il avait une sœur chanoinesse, ancienne pensionnaire de Saint-Cyr et confite en dévotion. Elle habitait à Vendôme, dans un faubourg, une petite maison moisie, où elle avait tourné tout doucement à l'aigre entre des chiens hargneux et des exercices de piété. Quelques lignes d'un de ses neveux [1]

1. De Paul de Musset, dans la *Biographie d'Alfred de Musset.* Ce volume est précieux par les renseignements qu'il contient sur la famille de Musset et sur la jeunesse du poète. On

donnent à penser qu'elle n'était pas dépourvue, elle non plus, du don de repartie, et qu'elle était de taille à tenir tête à son frère. — Elle faisait peu de cas de la littérature; toutefois elle admettait une distinction entre la prose et les vers : la prose était besogne basse, à laisser aux manants; les vers étaient la dernière des hontes, une de ces humiliations dont les familles ne se relèvent pas.

La lignée maternelle d'Alfred de Musset n'était pas moins savoureuse. Son aïeul Guyot-Desherbiers, qui avait été jadis de robe, et avait fréquenté les idéologues, avait l'imagination poétique, l'esprit jaillissant et gai. Il était sorti de ce mélange un Fantasio XVIIIe siècle, plus mousseux encore que celui que nous connaissons, et ne lui cédant en rien pour le pittoresque du langage, mais sans la note mélancolique et attendrie du héros de Musset. M. Guyot-Desherbiers ne songeait guère à s'apitoyer sur les peines des princesses de féerie; en revanche, il avait sauvé des têtes, et non toujours sans péril, pendant les convulsions qui suivirent le 9 Thermidor. Ses petits-fils purent jouir de sa verve intarissable; Fantasio devenu grand-père était resté Fantasio. Il mourut chargé de jours en 1828. — M. Guyot-Desherbiers faisait des vers à ses moments perdus.

ne doit toutefois le consulter qu'avec une certaine défiance. Il s'y trouve partout des inexactitudes et des inadvertances, et, à partir d'un moment que nous indiquerons, ces inexactitudes sont volontaires, et calculées en vue de dérouter le lecteur.

Son grand ouvrage fut un poème en plusieurs
chants sur les *Chats*. Il faisait du chat un humanitaire, ami des pauvres et de leur maigre cuisine :

> C'est pour eux que son dos se gonfle,
> Pour eux, dans sa poitrine, ronfle
> La patenôtre du plaisir.

Il se plaisait aux difficultés techniques, comme
d'écrire sur trois rimes — et sans chevilles! —
tout un chant de son poème, ou d'inventer des
rythmes compliqués. Il avait deviné Théodore de
Banville plutôt que Victor Hugo. Son influence
manqua à son petit-fils quand celui-ci eut à défendre
contre les siens, nourris dans le classique, les
enjambements et les épithètes imprévues des *Contes
d'Espagne et d'Italie*. Les Fantasio comprennent
tant de choses.

La grand'mère Guyot-Desherbiers était un échantillon remarquable de la bourgeoise française du
siècle dernier. Elle avait infiniment de bon sens,
et cela ne l'empêchait point d'être une fille spirituelle de Rousseau, passionnée comme Julie et
Saint-Preux, et comme eux éloquente dans les
heures d'émotion. Non point l'éloquence qui fait
dire d'une femme qu'elle parle comme un livre,
mais l'éloquence pathétique qui remue. Elle produi-
sait alors une impression profonde sur les siens,
habitués à la voir tranquille et grave. Mme de Musset-Pathay, sa fille aînée, tenait beaucoup d'elle.

On voit que les origines intellectuelles de Musset

sont faciles à démêler pour qui s'intéresse aux mystères de l'hérédité. Nous venons de trouver parmi ses ascendants plusieurs hommes d'esprit, pleins d'une verve joyeuse et plus ou moins poètes, et deux femmes d'une sensibilité vive, d'une éloquence naturelle et chaude. C'est à ces dernières que se rattachent les *Nuits* et toute la partie brûlante et passionnée de l'œuvre de Musset. Quant à sa tante la chanoinesse, elle a rempli le rôle de la fée Carabosse, qui ne pouvait manquer au baptême d'un Prince Charmant. Lorsque Musset s'accuse dans ses lettres d'être grognon, lorsqu'il écrit : « J'ai grogné tout mon saoul », ou bien : « Je commence même à m'ennuyer de grogner », c'est la chanoinesse qui fait des siennes; elle s'est vengée d'avoir un neveu poète en lui insufflant un peu — très peu — de sa mauvaise humeur.

L'enfant en qui allait s'épanouir la race était un joli blondin caressant. Il existe un portrait de lui à trois ans, dans le goût troubadour, qui était de mode au temps de la reine Hortense. Le bambin est assis en chemise dans un site poétique, les pieds dans un ruisseau. Ses longues papillotes lui donnent un air de petite fille bien sage. Auprès de lui est une grande épée, qu'il avait demandée « pour se défendre contre les grenouilles ». Un autre portrait le représente plus âgé de quelques années, mais gardant encore ses belles boucles blondes. Il a aussi conservé son expression placide et ingénue. Ce n'était pourtant pas faute de prendre au tragique

les peines de l'existence, ou de jouir avec ardeur
de ses joies. Il était déjà, au suprême degré, impressionnable, excitable, et même éloquent, s'il faut
en croire son frère Paul. Celui-ci raconte qu'à
peine hors des langes, le petit poète en herbe
avait des « mouvements oratoires et des expressions
pittoresques » pour peindre ses malheurs ou ses
plaisirs d'enfant. Déjà aussi, il avait l' « impatience
de jouir » et la « disposition à dévorer le temps »
qui ne le quittèrent jamais. Un jour qu'on lui avait
apporté des souliers rouges et que sa mère ne l'ha-
billait pas assez vite à son gré, il s'écria en trépi-
gnant : « Dépêchez-vous donc, maman ; mes souliers
neufs seront vieux ». Enfin, il avait déjà des palpitations de cœur et des suffocations.

Il faut des mains intelligentes et légères pour
manier ces organisations frémissantes. M. de Musset-
Pathay n'était que trop indulgent. Il eût pu dire, lui
aussi :

> Quoi qu'il ait fait, d'abord je veux qu'on lui pardonne,
> Lui dis-je, et ce qu'il veut, je veux qu'on le lui donne.
> (C'est mon opinion de gâter les enfants.)

Mais M. de Musset-Pathay n'avait guère le temps
de s'occuper des marmots. Il laissa sa femme élever
Paul et Alfred [1], et ceux-ci n'y perdirent rien. Ils
durent à leur mère une de ces enfances saines et
heureuses dont il n'y a rien à dire, et où les événe-

---

1. Il y eut aussi une fille, mais beaucoup plus jeune que
ses frères.

ments mémorables, gravés à jamais dans la mémoire, ont été une partie de jeu, ou une condamnation au cabinet noir.

Musset commença ses études avec un précepteur qui grimpait dans les arbres avec ses élèves. Les leçons n'en allaient pas plus mal. Il y eut cependant un moment difficile quand l'écolier découvrit les *Mille et une Nuits* et la *Bibliothèque bleue*. Sa petite tête en tourna. Pendant des mois, il ne pensa, en classe et hors de classe, qu'aux enchanteurs et aux paladins. Il cherchait dans la maison de ses parents, rue Cassette, les passages secrets qui font qu'on entend marcher dans les murs, et les portes dérobées par où surgissent les traîtres et les libérateurs. On lui donna *Don Quichotte*, qui le calma, sans le corriger de l'idée que la vie ressemble à la forêt enchantée où les quatre fils Aymon rencontrèrent leurs aventures merveilleuses. Il était né avec la foi au hasard, et il fut toujours de ceux qui croient aux surprises du sort, quitte à s'estimer trompés et frustrés, quand il n'arrive que ce qui devait arriver. Les hommes de cette humeur subissent la vie au lieu de la faire, et ce fut le cas d'Alfred de Musset.

Il avait sept ans lorsqu'il dévora les *Mille et une Nuits*. La même année, il fit avec les siens un long séjour à la campagne, dans une vieille maison biscornue, très amusante pour des enfants, et attenante à la ferme du bonhomme Piédeleu, qu'il a décrite dans *Margot* : « Mme Piédeleu, sa femme, lui avait donné neuf enfants, dont huit garçons, et, si

tous les huit n'avaient pas six pieds de haut, il ne
s'en fallait guère. Il est vrai que c'était la taille du
bonhomme, et la mère avait ses cinq pieds cinq
pouces ; c'était la plus belle femme du pays. Les huit
garçons, forts comme des taureaux, terreur et admiration du village, obéissaient en esclaves à leur père. »
Les petits Parisiens ne se lassaient point de regarder
travailler cette tribu de géants et de se rouler sur
les meules de foin. Ce fut pourtant après un été aussi
sainement employé que le cadet, en rentrant rue
Cassette, eut des « accès de manie », selon l'expression de son frère. « Dans un seul jour, dit Paul de
Musset [1], il brisa une des glaces du salon avec une
bille d'ivoire, coupa des rideaux neufs avec des
ciseaux et colla un large pain à cacheter rouge sur
une carte d'Europe au beau milieu de la Méditer-
ranée. Ces trois désastres ne lui attirèrent pas la
moindre réprimande, parce qu'il s'en montra consterné. » Cette anecdote, qui semble d'abord puérile,
jette une vive lumière sur les inégalités de caractère
d'Alfred de Musset. Il était impossible d'avoir plus
de bon sens, un esprit plus net, quand les nerfs ne
s'en mêlaient pas. Mais ils s'en mêlaient souvent. Ils
étaient irritables, et provoquaient des « accès de
manie » pendant lesquels Musset faisait le mal qu'il
n'aurait pas voulu. Il s'en désolait ensuite, s'accablait de reproches, et n'en demeurait pas moins à
la merci de ses nerfs.

1. *Biographie.*

Nous savons également par son frère qu'il s'est peint lui-même dans le portrait de Valentin par où débutent les *Deux Maîtresses*. La page qu'on va lire est donc un souvenir personnel, et elle nous montre aussi un enfant trop impressionnable. « Pour vous le faire mieux connaître, il faut vous dire un trait de son enfance. Valentin couchait, à dix ou douze ans, dans un petit cabinet vitré, derrière la chambre de sa mère. Dans ce cabinet d'assez triste apparence, et encombré d'armoires poudreuses, se trouvait, entre autres nippes, un vieux portrait avec un grand cadre doré. Quand, par une belle matinée, le soleil donnait sur ce portrait, l'enfant, à genoux sur son lit, s'en approchait avec délices. Tandis qu'on le croyait endormi, en attendant que l'heure du maître arrivât, il restait parfois des heures entières le front posé sur l'angle du cadre ; les rayons de lumière, frappant sur les dorures, l'entouraient d'une sorte d'auréole où nageait son regard ébloui. Dans cette posture, il faisait mille rêves ; une extase bizarre s'emparait de lui. Plus la clarté devenait vive, plus son cœur s'épanouissait…. Ce fut là, m'a-t-il dit lui-même, qu'il prit un goût passionné pour l'or et le soleil. »

Notons encore à treize ans, pendant une partie de chasse où il avait failli blesser son frère, une attaque de nerfs assez violente pour amener la fièvre, et nous aurons la clef de bien des incidents de son existence tourmentée.

Les années de collège furent aussi dénuées d'événements que celles de la première enfance. Musset

fut externe à Henri IV à partir de la sixième et fit de
bonnes études. Il reçut quelquefois des coups de
poing. J'aime à croire qu'il en rendit. Il nous a dit
le reste dans les *Deux Maîtresses*. « Ses premiers
pas dans la vie furent guidés par l'instinct de la passion native. Au collège, il ne se lia qu'avec des
enfants plus riches que lui, non par orgueil, mais
par goût. Précoce d'esprit dans ses études, l'amour-
propre le poussait moins qu'un certain besoin de
distinction. Il lui arrivait de pleurer au beau milieu
de la classe, quand il n'avait pas, le samedi, sa place
au banc d'honneur. » Quelquefois, aux vacances, son
père l'emmenait en visite dans sa famille, et il assistait à une escarmouche avec sa tante la chanoinesse,
ou bien il avait le bonheur sans pareil de coucher
dans la chambre à cachette de son oncle le marquis. C'est tout ce qui lui arriva entre neuf et
seize ans.

En 1827, il obtint le second prix de philosophie
au grand concours. Dans sa composition, l'élève
Musset [1] traitait les pyrrhoniens de sophistes, ainsi
que l'exigeaient les convenances, mais il ajoutait que
peu importerait qu'ils eussent raison, « pourvu que
ce qui est ne change pas et ne nous soit pas enlevé,
dummodo quæ sunt, nec mutentur, nec eripientur »; ce
qui paraît au fond assez pyrrhonien. Après la dis-

---

1. Voici, pour les philosophes, le sujet de la composition :
*Quænam sint judiciorum motiva? an cuncta ad unum pos-
sint reduci?* Musset concluait que tous les motifs de jugement peuvent se ramener à l'évidence.

tribution des prix, sa mère décrivit la cérémonie à
un ami. Il y avait des fanfares, des princes, les quatre
facultés en grand costume, et son fils était si joli!
Elle a bien pleuré, et c'était bien délicieux. « Pendant trois jours, continue-t-elle, nous n'avons vu
que couronnes, que livres dorés sur tranche; il fallait des voitures pour les emporter. » Alfred de
Musset quitta les bancs sur cette apothéose. Il était
bachelier et il refusait énergiquement de se préparer
à l'École polytechnique. Une longue lettre à son ami
Paul Foucher, écrite le 23 septembre suivant du château de son oncle le marquis, nous ouvre pour la première fois une échappée sur le travail intérieur qui
s'accomplissait au dedans de lui. On voudra bien se
souvenir, en lisant les fragments qui vont suivre, que
Musset était alors à l'âge ingrat où les idées sont
aussi dégingandées que le corps. Il était le premier
à dire, plus tard, qu'il avait été « aussi bête qu'un
autre ».

Il vient d'apprendre la mort rapide de sa grand'
mère, Mme Guyot-Desherbiers. Ses vacances sont
assombries et désorganisées. « Mon frère, dit-il,
est reparti pour Paris. Je suis resté seul dans ce
château, où je ne puis parler à personne qu'à mon
oncle, qui, il est vrai, a mille bontés pour moi; mais
les idées d'une tête à cheveux blancs ne sont pas
celles d'une tête blonde. C'est un homme excessi-
vement instruit; quand je lui parle des drames qui
me plaisent ou des vers qui m'ont frappé, il me
répond : « Est-ce que tu n'aimes pas mieux lire

« tout cela dans quelque bon historien ? Cela est tou-
« jours plus vrai et plus exact ». .

. « Toi qui as lu l'*Hamlet* de Shakespeare, tu sais
quel effet produit sur lui le savant et érudit Polo-
nius ! — Et pourtant cet homme-là est bon ; il
est vertueux, il est aimé de tout le monde ; il n'est
pas de ces gens pour qui le ruisseau n'est que de
l'eau qui coule, la forêt que du bois de telle ou
telle espèce, et des cents de fagots. Que le ciel
les bénisse ! ils sont peut-être plus heureux que toi
et moi. »

On sent que Musset est en proie au malaise qui
s'empare souvent des très jeunes gens lorsqu'ils
s'aperçoivent, au moment de commencer à penser
par eux-mêmes, qu'ils sont devenus étrangers au
cercle d'idées dans lequel ils ont été élevés. Cette
découverte les trouble comme un manque de piété
filiale, en attendant qu'elle flatte leur orgueil. En
1827, le romantisme fermentait dans les veines de la
jeunesse. Elle savait par cœur les *Méditations* et les
Odes et Ballades. Elle se passionnait pour Shakespeare et Byron, Gœthe et Schiller. La préface de
Cromwell allait paraître, et les adversaires de la
nouvelle école poétique se préparaient à la résis-
tance ; on voyait déjà se former les deux camps qui
devaient en venir aux mains à la première d'*Hernani.* Alfred de Musset était jeune entre les jeunes,
et l'on conçoit son indignation quand le vieux marquis lui faisait observer, avec raison du reste, que
Plutarque mérite plus de confiance que Shakespeare,

et qu'il n'est pas bien sûr que Moïse ait eu toutes les pensées que lui prête Alfred de Vigny.

Il passait ensuite, dans sa lettre, à lui-même et à son avenir : « Je m'ennuie et je suis triste, je ne te crois pas plus gai que moi, mais je n'ai pas même le courage de travailler. Eh! que ferais-je? Retournerai-je quelque position bien vieille? Ferai-je de l'originalité en dépit de moi et de mes vers? Depuis que je lis les journaux (ce qui est ici ma seule récréation) je ne sais pas pourquoi tout cela me paraît d'un misérable achevé! Je ne sais pas si c'est l'ergoterie des commentateurs, la stupide manie des arrangeurs qui me dégoûte, mais je ne voudrais pas écrire, ou je voudrais être Shakespeare ou Schiller. Je ne fais donc rien, et je sens que le plus grand malheur qui puisse arriver à un homme qui a les passions vives, c'est de n'en avoir point. Je ne suis point amoureux, je ne fais rien, rien ne me rattache ici.... »

« Je donnerais vingt-cinq francs pour avoir une pièce de Shakespeare ici en anglais. Ces journaux sont si insipides, — ces critiques sont si plats! Faites des systèmes, mes amis, établissez des règles; vous ne travaillez que sur les froids monuments du passé. Qu'un homme de génie se présente, et il renversera vos échafaudages; il se rira de vos poétiques. — Je me sens, par moments, une envie de prendre la plume et de salir une ou deux feuilles de papier; mais la première difficulté me rebute, et un souverain dégoût me fait étendre les bras et fermer

les yeux. Comment me laisse-t-on ici si longtemps !
J'ai besoin de voir une femme ; j'ai besoin d'un joli
pied et d'une taille fine ; j'ai besoin d'aimer. — J'aimerais ma cousine, qui est vieille et laide, si elle n'était
pas pédante et économe. » Suivent deux grandes
pages de doléances sur son ennui et sur les études
de droit auxquelles le destine sa famille : « Non,
mon ami, s'écrie-t-il en terminant, je ne peux pas
le croire ; j'ai cet orgueil : ni toi ni moi ne sommes
destinés à ne faire que des avocats estimables ou des
avoués intelligents. J'ai au fond de l'âme un instinct
qui me crie le contraire. Je crois encore au bonheur,
quoique je sois bien malheureux dans ce moment-ci. »

On aura remarqué dans ces effusions de collégien
qu'il est travaillé du besoin d'écrire ; le papier blanc
l'attire et l'effraie, ce qui va très bien ensemble.
C'est l'éclosion de la vocation, surprise à ses débuts
mêmes, car Alfred de Musset n'a pas été de ces
petits prodiges à la façon de Gœthe et de Victor
Hugo, qui réclamaient leur nourrice en vers. A dix-
sept ans, son bagage poétique était tout à fait insignifiant.

Quant à l'ennui douloureux qui le ronge, à son
découragement en face de l'avenir, alors que tout
s'ouvre devant lui, il n'y a rien, là dedans, qui lui
soit particulier. C'est l'état d'esprit signalé bien des
fois, par les écrivains les plus divers, chez la génération qui arrivait à l'âge d'homme sous la Restauration, et que Stendhal, Musset lui-même, ont
attribué, à tort ou à raison, à l'ébranlement causé par

la chute du premier empire. On connaît leur thèse.
Le vide laissé par un Napoléon est impossible à
combler. Au lendemain des efforts violents que l'empereur avait exigés de la France, la jeunesse de la
Restauration se sentit désœuvrée. Comparant ce qui
se passait autour d'elle à la chevauchée impériale
à travers les capitales, elle trouva le présent pâle et
mesquin, et ne sut que faire d'elle-même. Stendhal
est revenu avec insistance sur ces idées. Musset
leur a consacré l'un des chapitres de la *Confession
d'un Enfant du siècle* : « Un sentiment de malaise
inexprimable commença... à fermenter dans tous
les jeunes cœurs. Condamnés au repos par les sou-
verains du monde, livrés aux cuistres de toute espèce,
à l'oisiveté et à l'ennui, les jeunes gens... se sen-
taient au fond de l'âme une misère insupportable. »

On peut discuter les origines de cette misère
morale; on ne peut en nier les ravages. Le mal
fut tenace. M. Maxime Du Camp, plus jeune que
Musset d'une douzaine d'années, a écrit dans ses
Souvenirs littéraires : « La génération artiste et littéraire qui m'a précédé, celle à laquelle j'ai appartenu,
ont eu une jeunesse d'une tristesse lamentable, tristesse sans cause comme sans objet, tristesse ab-
straite, inhérente à l'être ou à l'époque. » Les jeunes
gens étaient hantés par l'idée du suicide. « Ce n'était
pas seulement une mode, comme on pourrait le
croire; c'était une sorte de défaillance générale qui
rendait le cœur triste, assombrissait la pensée et
faisait entrevoir la mort comme une délivrance. »

Le collégien « bien malheureux » de la lettre à Paul Foucher allait donc entrer dans le monde l'âme empoisonnée de germes de dégoût. Un autre mal, qu'il partageait aussi avec beaucoup de contemporains, empêchait la plaie de se fermer : « J'ai eu, écrivait-il longtemps après, ou cru avoir cette vilaine maladie du doute, qui n'est, au fond, qu'un enfantillage, quand ce n'est pas un parti pris et une parade. » (*A la duchesse de Castries*, 1840.) Il ne s'agit pas seulement ici de tiédeur religieuse, mais de cette espèce d'anémie morale qui fait qu'on n'a plus foi à rien. Musset attribuait le fléau à l'influence des idées anglaises et allemandes, représentées par Byron et Gœthe. Quoi qu'il en soit, le mal existait, et il contribuait à la « défaillance générale » dont parle M. Maxime Du Camp. Musset en avait été atteint à l'âge où il est le plus important de croire à n'importe quoi.

CHAPITRE II

MUSSET AU CÉNACLE ROMANTIQUE

Les deux années qui suivirent sa sortie du collège furent décisives pour son développement. Il avait l'air de ne rien faire : « Sous le prétexte de faire son droit, dit-il de lui-même dans les *Deux Maîtresses*, il passait son temps à se promener aux Tuileries et au boulevard. » Il laissa bientôt le droit pour la médecine, mais la salle de dissection lui fit horreur ; il s'enfuit, ne put dîner, rêva de cadavres et renonça solennellement à avoir une profession. « L'homme, déclara-t-il à sa famille, est déjà trop peu de chose sur ce grain de sable où nous vivons ; bien décidément, je ne me résignerai jamais à être une espèce d'homme particulière. »

Malgré les apparences, il était fort loin de perdre son temps. Paul Foucher l'avait amené tout enfant chez Victor Hugo. Il y retourna assidûment après avoir quitté les bancs, et fut le Benjamin du fameux Cénacle. Alfred de Vigny, Sainte-Beuve, Mérimée,

Charles Nodier, les deux frères Deschamps, s'accou-
tumèrent, à l'exemple de Victor Hugo leur chef et
leur maître, à avoir ce gamin dans les jambes. Ils
l'admettaient aux discussions littéraires dans lesquelles on posait en principe que le romantisme sortait du « besoin de vérité » (exactement comme on
l'a dit du naturalisme un demi-siècle plus tard) ; que
« le poète ne doit avoir qu'un modèle, la nature,
qu'un guide, la vérité » ; qu'il lui faut, par conséquent,
mêler dans ses œuvres le laid au beau, « le grotesque
au sublime », puisque la nature lui en a donné
l'exemple et que « tout ce qui est dans la nature est
dans l'art » [1].

On arrêtait devant lui ce que serait la poétique
nouvelle : « Nous voudrions un vers libre, franc,
loyal,... sachant briser à propos et déplacer la césure
pour déguiser sa monotonie d'alexandrin ; plus ami
de l'enjambement qui l'allonge que de l'inversion qui
l'embrouille ; fidèle à la rime, cette esclave reine,
cette suprême grâce de notre poésie, ce générateur
de notre mètre ; inépuisable dans la variété de ses
tours, insaisissable dans ses secrets d'élégance et
de facture. »

On l'emmenait dans les promenades esthétiques où
le Cénacle, Victor Hugo en tête, s'exerçait aux sensations romantiques, et il faut bien avouer que
Musset n'y apportait pas toujours des dispositions
d'esprit édifiantes. Ses compagnons prenaient au

---

1. Préfaces des *Odes et Ballades* et de *Cromwell*.

sérieux leur rôle de néophytes. Qu'on grimpât sur
les tours de Notre-Dame pour se figurer qu'on contemplait le Paris des truands, ou qu'on allât dans
la plaine Montrouge voir coucher le soleil, personne
n'oubliait jamais d'être romantique. Musset s'amusait
irrévérencieusement des gilets de satin et des barbes
au vent de ses condisciples, de leurs attitudes res-
pectueuses devant une ogive et de leurs apostrophes
grandiloquentes au paysage.

Il était aussi des soirées de l'Arsenal, chez Nodier,
où chacun récitait ses œuvres, vers ou prose. En un
mot, il avait la chance insigne d'être adopté, gâté,
prêché, endoctriné, par l'une des plus glorieuses
élites intellectuelles que pays ait jamais possédées,
et il ne tarda guère à lui prouver qu'elle n'avait pas
semé le bon grain sur des pierres ou parmi des épines.
La poésie s'éveillait en lui si vite, que c'était plus
rapide qu'un printemps ; c'était une aurore, qui gran-
dissait à vue d'œil et dont les premières clartés le
plongeaient dans des ravissements inoubliables.

C'est au cours de promenades solitaires dans le
Bois de Boulogne, moins fréquenté que de nos jours,
qu'il entendit chanter au dedans de lui ses premiers
vers. Au printemps de 1828, ses parents s'étaient
installés à Auteuil. Musset s'en allait lire dans les
bois, et il y recevait les visites, encore furtives,
rappelées dans la *Nuit d'août* :

LA MUSE.

. . . .
Pauvre enfant ! nos amours n'étaient pas menacées,
Quand dans les bois d'Auteuil, perdu dans tes pensées,

Sous les verts marronniers et les peupliers blancs,
Je t'agaçais le soir en détours nonchalants.
Ah! j'étais jeune alors et nymphe, et les dryades
Entr'ouvraient pour me voir l'écorce des bouleaux,
Et les pleurs qui coulaient durant nos promenades
Tombaient, purs comme l'or, dans le cristal des eaux.

Il rapportait de ses promenades des pièces de vers qu'il n'a pas admises dans ses recueils, avec raison, parce qu'on y sentait trop l'imitation, mais qui sont précieuses pour le biographe à cause de leur extrême diversité. Elles sont d'un débutant qui cherche sa voie, et n'est pas irrésistiblement entraîné d'un côté plutôt que de l'autre. Une lecture d'André Chénier lui inspira une élégie :

Il vint sous les figuiers une vierge d'Athènes,
Douce et blanche, puiser l'eau pure des fontaines.....

Une réunion du Cénacle fit naître une ballade. Musset écrivit ensuite un drame à la Victor Hugo. On y lisait :

Homme portant un casque en vaut deux à chapeau,
Quatre portant bonnet, douze portant perruque,
Et vingt-quatre portant tonsure sur la nuque.

Une autre ballade, intitulée le *Rêve* et annonçant par son rythme la *Ballade à la lune*, fut imprimée, grâce à Paul Foucher, dans une feuille de chou de province. Elle débutait ainsi :

La corde nue et maigre
Grelottant sous le froid
Beffroi,

Criait d'une voix aigre
Qu'on oublie au couvent
L'avent.
Moines autour d'un cierge,
Le front sur le pavé
Lavé,
Par décence, à la Vierge,
Tenaient leurs gros péchés
Cachés.

Est-ce déjà une parodie de la poésie romantique, comme la *Ballade à la lune*? Il n'y aurait rien d'impossible à cela. Alfred de Musset au Cénacle a toujours été un élève zélé, mais indocile. On avait la bonté d'écouter ce bambin, et il en profitait pour rompre en visière sur certains points au maître lui-même. Il n'accepta jamais l'obligation de la rime riche. A l'apparition de ses premières poésies, il écrivait au frère de sa mère, M. Desherbiers, en lui envoyant son volume : « Tu verras des rimes faibles; j'ai eu un but en les faisant, et sais à quoi m'en tenir sur leur compte; mais il était important de se distinguer de cette école *rimeuse*, qui a voulu reconstruire et ne s'est adressée qu'à la forme, croyant rebâtir en replâtrant » (janvier 1830). Sainte-Beuve, témoin de ses premiers tâtonnements, déclare qu'il *dérima* après coup, avec intention, la ballade *andalouse*, et que celle-ci était « mieux rimée dans le premier jet »:

Il se croyait également affranchi — on pardonnera cette présomption à sa jeunesse — de ce qu'il y a de déclamatoire et de forcé chez les ancêtres du romantisme. Six ans plus tard, il rappelait à George

Sand combien il s'était moqué jadis de la *Nouvelle
Héloïse* et de *Werther*. Il n'avait pas le droit de tant
s'en moquer, ayant bien pis sur la conscience en
fait de déclamatoire et de forcé. En 1828, il avait
traduit pour un libraire les *Confessions d'un mangeur
d'opium*, de Thomas de Quincey. Sa traduction est
royalement infidèle; c'est même ce qui en fait l'intérêt. Non seulement Musset taille et rogne, douze
pages par-ci, cinquante par-là, mais il remplace, et
dans un esprit très arrêté : il ajoute invariablement,
partout, des panaches romantiques. Il en met d'abord
aux sentiments ; le héros de l'original anglais pardonnait à une malheureuse ramassée dans le ruisseau ;
celui du texte français l'assure de son « respect »
et de son « admiration ». Il en met, et d'énormes,
aux sommes d'argent ; les deux ou trois cents francs
donnés à un jeune homme dans l'embarras en de-
viennent vingt-cinq mille, les fortunes se gonflent
démesurément et les affaires des petits usuriers
prennent des proportions grandioses. Il chamarre
les événements d'épisodes de son cru : souvenirs de
la salle de dissection, aventures ténébreuses dans
le goût du jour. Bref, c'est un empanachement géné-
ral, après lequel il n'était pas permis de se moquer
de Saint-Preux ou de l'ami de Charlotte.

Il avait bien l'air, à ce moment-là, d'être emporté
par le flot romantique. Ses grands amis du Cénacle
lui faisaient réciter ses vers, le conseillaient, et il
va sans dire qu'ils le poussaient dans leur propre
voie. Le drame à la Hugo avait été très applaudi.

Émile Deschamps donna une soirée pour faire entendre *Don Paez*, et il y eut des cris d'enthousiasme au vers du *dragon* :

Un dragon jaune et bleu qui dormait dans du foin.

Il y en eut aussi pour les *manches vertes* du *Lever* :

> Vois tes piqueurs alertes,
> Et sur leurs manches vertes
> Les pieds noirs des faucons.

Sainte-Beuve trouvait le débutant plutôt trop avancé et lui reprochait d'abuser des enjambements et des « trivialités ». Il est surprenant que Sainte-Beuve, avec sa pénétration extraordinaire, n'ait pas deviné tout d'abord que Musset était un romantique né classique [1], autant dire un romantique d'occasion, sur lequel on avait tort de compter absolument, tiraillé qu'il était entre ses instincts et l'influence du milieu. Le reste du Cénacle fut excusable de ne pas s'en douter. Musset ne cachait pas son goût pour le XVIIIᵉ siècle, mais on passe à un échappé de collège d'aimer Crébillon fils et *Clarisse Harlowe*. Quant à son admiration, très significative, pour les vers de Voltaire, on ne la prenait sans doute pas au sérieux chez un apprenti romantique qu'on avait nourri de Shakespeare et saturé de Byron, et à qui l'on avait fait étudier son métier, non sans profit, dans Mathurin Régnier. J'insiste sur ces détails

1. La remarque est de M. Augustin Filon.

parce que le Cénacle a accusé plus tard Musset de
désertion. C'était une injustice. Il n'y a pas eu dé-
fection, il n'y a eu que malentendu. Le futur auteur
des *Nuits* leur était si peu acquis corps et âme, ainsi
qu'ils se le figuraient, qu'il avait toujours prêté
l'oreille à d'autres conseils, beaucoup moins auto-
risés pourtant. On se rappelle que la famille d'Alfred
de Musset n'aimait point la nouvelle école littéraire.
Ces aimables gens ne se bornaient pas à une désap-
probation tacite. Ils combattaient des tendances
qu'ils jugeaient funestes, et la lettre de Musset à
l'oncle Desherbiers, dont on a déjà lu un passage,
prouve que leurs efforts n'avaient pas été en pure
perte. En voici d'autres fragments : « Je te demande
grâce pour des phrases contournées ; je m'en crois
revenu.... Quant aux rythmes brisés des vers, je
pense là-dessus qu'ils ne nuisent pas dans ce qu'on
peut appeler le récitatif, c'est-à-dire la *transition*
des sentiments ou des actions. Je crois qu'ils doivent
être rares dans le reste. Cependant Racine en faisait
usage.

« Je te demanderai de t'attacher plus aux compo-
sitions qu'aux détails ; car je suis loin d'avoir une
manière arrêtée. J'en changerai probablement plusieurs fois encore.

« ... J'attends tes avis. Mes amis m'ont fait des
éloges que j'ai mis dans ma poche de derrière. C'est
à quatre ou cinq conversations avec toi que je dois
d'avoir réformé mes opinions sur des points très
importants ; et depuis j'ai fait bien d'autres ré-

flexions. Mais tu sais qu'elles ne vont pas encore jusqu'à me faire aimer Racine (janvier 1830). »

En attendant que ses réflexions portassent leurs fruits, bons ou mauvais, il écrivait rapidement les *Contes d'Espagne et d'Italie*, et ses amis n'y remarquaient qu'un heureux *crescendo* d'impertinence pour tout ce que le bourgeois encroûté de préjugés classiques se faisait un devoir de respecter et d'admirer. Après les chansons et *Don Paez* vinrent les *Marrons du feu*, *Portia*, la *Ballade à la lune*, *Mardoche*, et la dernière pièce était la plus effrontée ; aussi s'accorda-t-on à lui prédire un grand succès. Musset s'était décidé à se faire imprimer pour conquérir le droit de quitter une place d'expéditionnaire imposée par son père. Son volume parut vers le 1er janvier 1830.

Voici le moment de regarder le dessin de Devéria placé en tête de ce volume. Il représente Musset aux environs de la vingtième année, dans un costume de page qui lui plaisait et qu'il a porté plusieurs fois. A sa taille svelte, à son visage imberbe et jeunet, on lui donnerait moins que son âge. Il a sous le pourpoint et le maillot la grâce hautaine que Clouet prêtait à ses modèles, leur élégance suprême et raffinée. La physionomie manque un peu de flamme. Ce n'est pas la faute de l'artiste. Elle n'en avait pas toujours ; elle était diverse comme l'humeur qu'elle exprimait. Suivant l'heure, et le vent qui soufflait, on avait deux Musset. L'un, timide et silencieux, un peu froid d'aspect, était celui qui

se montrait d'ordinaire dans la première jeunesse,
même après le tapage de ses débuts. Un de ses
camarades de collège, qui l'a vu très souvent jusqu'au printemps de 1833, m'assure n'en avoir guère
connu d'autre. C'est celui que Lamartine aperçut
« nonchalamment étendu dans l'ombre, le coude sur
un coussin, la tête supportée par sa main, sur
un divan du salon obscur de Nodier ». Lamartine
remarqua sa chevelure flottante, ses yeux « rêveurs
plutôt qu'éclatants », son « silence modeste et habi-
tuel au milieu du tumulte confus d'une société jaseuse
de femmes et de poètes », et ne s'en occupa point
davantage; il devait mettre trente ans à remarquer
autre chose.

On rencontre dans *Victor Hugo raconté par un témoin de sa vie* un joli croquis d'un Musset tout différent, « au regard ferme et clair, aux narines dila-
tées, aux lèvres vermillonnées et béantes ». C'est
celui qui se montrait seulement par échappées, le
Musset tout frémissant de vie et de passion, dont les
yeux bleus jetaient du feu, que le plaisir affolait
et qui se laissait terrasser par la moindre émotion,
jusqu'à pleurer comme un enfant; le Musset que le
délire saisissait dès qu'il avait la fièvre, et dont tous
les contraires, tous les extrêmes avaient fait leur
proie. Il était bon, généreux, d'une sensibilité profonde et passionnée, et il était violent, capable de
grandes duretés. La même heure le voyait délicieu-
sement tendre, absurdement confiant, et soupçonneux à en être méchant, mêlant dans la même haleine

les adorations et les sarcasmes, ressentant au cen-
tuple les souffrances qu'il infligeait, et ayant alors
des retours adorables, des repentirs éloquents, sin-
cères, irrésistibles, pendant lesquels il se détestait,
s'humiliait, prenait un plaisir cruel à faire saigner
son cœur perpétuellement douloureux. A d'autres
instants, il était dandy, mondain, étincelant d'esprit
et persifleur; à d'autres encore, il ne bougeait d'avec
les jeunes filles, dont la pureté le ravissait et qu'il
faisait valser indéfiniment en causant bagatelles et
chiffons. En résumé, un être complexe, point inof-
fensif, tant s'en faut, et qui faisait quelquefois peur
aux femmes qu'il aimait, mais ayant de très grands
côtés et rien de petit ni de bas; un être séduisant,
attachant, et qui ne pouvait être que malheureux.

Les contemporains l'ont vu à tour de rôle sous
ces divers aspects, et ils ont porté sur lui des juge-
ments contradictoires qui contenaient tous une part
de vérité.

CHAPITRE III

« CONTES D'ESPAGNE ET D'ITALIE »
LE « SPECTACLE DANS UN FAUTEUIL »

Les *Contes d'Espagne et d'Italie* effarèrent les classiques. On ne s'était pas encore moqué d'eux avec autant de désinvolture. Les critiques saisirent leurs férules, et Musset en eut sur les doigts. Je crois — sans oser en répondre — que le premier article fut celui de l'*Universel* (22-23 janvier 1830). Il portait en épigraphe ces vers des *Marrons du feu* :

> N'allez pas nous jeter surtout de pommes cuites
> Pour mettre nos rideaux et nos quinquets à bas,

et il commençait ainsi : « Voyez la force de la conscience ! Le premier cri de M. de Musset, qui n'aime pas les pommes cuites, c'est : Ne me jetez pas de pommes cuites ! Il sent que le lecteur sera tenté de lui jeter quelque chose, et naturellement il pare le danger qu'il redoute le plus. Que jetterons-nous donc à M. de Musset ? »

Le critique (il signe F.) s'excuse ensuite auprès de ses lecteurs « de traîner leur vue sur les *poésies* de M. de Musset », et il analyse le volume avec de grandes marques de dégoût. Les fautes de français le révoltent, les rejets le blessent, les termes réalistes, tels que *pots* ou *haillons*, lui font mal. Le pauvre homme !

Le *Figaro* (4 février) se défie. Il a peur de se laisser prendre à quelque plaisanterie : « Son livre est-il une parodie ? Est-ce une œuvre de bonne foi ? » Tout considéré, *Figaro* conclut à la bonne foi, et il en est d'autant plus indigné. Il gronde le jeune auteur de commencer « sa vie poétique » par les exagérations et les folies, et lui montre à quoi il s'expose : « Le ridicule, une fois imprimé sur un front ou sur un nom d'écrivain, y reste souvent comme une de ces taches qui ne s'effacent plus, même à grand renfort de savon et de brosse. » M. de Musset mérite d'éviter ce triste sort, car il y a çà et là des traces de talent dans son recueil, malgré son « mépris pour les lois du bon sens et de la langue ».

Le même jour, le *Temps* constate qu'une partie du public a cru à une parodie. Il trouve, pour sa part, une inspiration très personnelle dans les vers du nouveau venu. Il reconnaît qu'il y a là des images charmantes et des dialogues étincelants. Mais les caractères ne se tiennent pas ; par exemple, la Camargo « contredit à chaque instant la nature de son âme italienne par des formes de langage abstrait, par

des exclamations métaphysiques, par des images et
des comparaisons tout à fait en dehors du monde
matériel et moral de l'Italie ». Serait-il possible que
le critique du *Temps* n'eût pas reconnu dans les
Marrons du feu la double parodie d'une tragédie
classique et de la forme romantique? La Camargo,
c'est Hermione, obligeant Oreste (l'abbé Annibal) à
tuer Pyrrhus (Rafaël) et l'accueillant ensuite par
des imprécations. Le respect de « la nature de son
âme italienne » avait été le moindre souci de l'auteur, et il était dans son droit. — Dans le même
article, sur *Mardoche* : « D'un bout à l'autre, c'est
une énigme dépourvue d'intérêt, pauvre de style et
platement bouffonne ».

La *Quotidienne* (12 février) est relativement aimable. Elle voit dans le débutant « un poète et un
fou, un inspiré et un écolier de rhétorique »; dans
les *Contes d'Espagne et d'Italie* un « livre étrange »,
où l'on est ballotté « de la hauteur de la plus belle
poésie aux plus incroyables bassesses de langage,
des idées les plus gracieuses aux peintures les plus
hideuses, de l'expression la plus vive et la plus heureuse aux barbarismes les moins excusables ». *Don
Paez* témoigne d'un véritable sens dramatique et
contient des observations profondes, des détails
d'une grande richesse de poésie. D'autre part, c'est
un poème « où se presse du ridicule à en fournir à
une école littéraire tout entière ». Le même critique
déclare dans un second article (23 février) qu'il y a
« plus d'avenir » dans M. de Musset « que dans

aucun des poètes de notre époque », compliment
qui a trop l'air d'avoir été mis là dans le seul but
d'être désagréable à Victor Hugo ; mais il faut, ajoute
le journal, que l' « enfant » se mette à l'école s'il veut
arriver à quelque chose.

Le *Globe*, qui témoignait aux romantiques assez de
bienveillance, commence (17 février) par constater
l'existence d'un parti avancé pour lequel « M. Hugo
est presque stationnaire,... M. de Vigny classique »,
et M. de Musset le seul grand poète de la France. Il
avoue qu'en ce qui le concerne, la première impression a été mauvaise : « Deux choses étonnent et choquent d'abord dans les poésies de M. de Musset :
la laideur du fond et la fatuité de la forme ». A
mesure qu'il avançait dans sa lecture, il a aperçu
« quelques beautés ; puis ces beautés ont grandi,
puis elles ont dominé les défauts », et le critique n'a
plus été sensible qu'à la franchise de l'inspiration, à
la force de l'exécution, au sentiment et au mouvement
qui manquent à tant d'autres poètes. Il est vrai que
M. de Musset exagère quelques-uns des défauts de
la nouvelle école ; celle-ci « rompt le vers, M. de
Musset le disloque ; elle emploie les enjambements,
il les prodigue ». Néanmoins, malgré les *Marrons
du feu*, qui « révoltent » et « dégoûtent » l'auteur
de l'article, malgré *Mardoche*, qui a l'air écrit par
un « fou », les *Contes d'Espagne et d'Italie* annon-
cent « un talent original et vrai ».

La critique la plus vinaigrée est demeurée inédite.
Elle arriva de Vendôme. La tante chanoinesse avait

appris par la voix publique qu'elle avait un neveu
poète, et elle reprochait aigrement à M. de Musset-
Pathay de lui avoir attiré cette disgrâce. Elle avait
toujours blâmé son frère de trop aimer la littérature ;
il voyait à présent où cela conduisait.

Le pardon des injures ne figurait pas dans son
credo. En châtiment des *Contes d'Espagne et d'Italie,*
la chanoinesse « renia et déshérita les mâles de sa
famille pour cause de dérogation », et la première
édition était pourtant expurgée ! On en avait sup-
primé la conversation impie de Mardoche avec le
bedeau.

Cependant Musset lisait les journaux avec beaucoup de calme et d'attention. Il ne s'indignait pas.
Il ne traitait pas les critiques de pions et de cuistres. Il ne désespérait pas de la littérature et de
l'humanité. « La critique juste, disait-il, donne
de l'élan et de l'ardeur. La critique injuste n'est
jamais à craindre. En tout cas, j'ai résolu d'aller en
avant, et de ne pas répondre un seul mot. » — M. de
Musset-Pathay, aussi attentif et moins calme, écrivait à un ami, à propos de l'article si cruel de l'*Universel* : « Mes inquiétudes sur les disputes possibles n'étaient heureusement pas fondées, et j'ai su
avec une surprise extrême le stoïcisme de notre
jeune philosophe. Je sais du seul confident qu'il ait [1]
et qui le trahit pour moi seul, qu'il profite de toutes
les critiques, abandonne le genre en grande partie.

1. Son frère Paul.

Ce confident a ajouté que je serai surpris du changement. Je le souhaite et j'attends. » (2 avril 1830, à M. de Cairol.)

Musset était modeste et extrêmement intelligent. De là son attitude patiente et attentive lorsqu'on disait du mal de ses vers. Il avait d'ailleurs été dédommagé des injures de la presse. Non pas que le gros public eût été pour lui. Les bonnes gens, raconte Sainte-Beuve, ne virent dans le livre « que la *Ballade à la lune*, et n'entendirent pas raillerie sur ce *point* d'invention nouvelle : ce fut un haro de gros rires ». Mais les femmes et la jeunesse se déclarèrent en faveur de Musset, et tous les vieux amateurs de poésie qui n'étaient pas inféodés au parti classique sentirent plus ou moins nettement qu'il y avait là du nouveau.

Il y en avait en effet.

D'abord, des sensations d'une vivacité singulière, et puissamment exprimées :

> Oh! dans cette saison de verdeur et de force,
> Où la chaude jeunesse, arbre à la rude écorce,
> Couvre tout de son ombre, horizon et chemin,
> Heureux, heureux celui qui....

A la page suivante, une sensation très vraie est si fortement rendue qu'elle se communique au lecteur, et qu'on *voit* passer l'image chère à don Paez :

> Don Paez cependant, debout et sans parole,
> Souriait; car, le sein plein d'une ivresse folle,
> Il ne pouvait fermer ses paupières sans voir
> Sa maîtresse passer, blanche avec un œil noir.

Ailleurs, la sensation devient subtile, sans perdre
de sa force. C'est de la poésie sensuelle, mais d'une
sensualité très raffinée et très délicate :

> Qui ne sait que la nuit a des puissances telles,
> Que les femmes y sont, comme les fleurs, plus belles,
> Et que tout vent du soir qui les peut effleurer
> Leur enlève un parfum plus doux à respirer?

Ailleurs encore, une sensation accidentelle ne fournit
au poète qu'une épithète, et cela suffit pour faire
tableau.

> . . . . Tout était endormi;
> La lune se levait; sa lueur *souple et molle*,
> Glissant aux trèfles gris de l'ogive espagnole,
> Sur les pâles velours et le marbre changeant,
> Mêlait aux flammes d'or ses longs rayons d'argent.

Musset avait vu la lumière de la lune se glisser à
travers des vitraux, et il est obligé de la person-
nifier pour rendre sa vive impression de quelque
chose d'aérien et de matériel à la fois, qu'on aurait
pu saisir, et qui se coulait cependant par des fenê-
tres fermées. C'était très nouveau, très moderne ou,
si l'on veut, très antique. Homère et Virgile ont des
épithètes de ce genre, et, avant qu'il y eût une poésie
écrite ou chantée, les vieux mythes traduisaient des
impressions analogues. Ainsi Diane, venant baiser
Endymion, coulait son corps souple et mol à travers
le réseau des ramures.

Il est de même très antique, et très moderne à la
fois, dans ses comparaisons, où il se montre entièrement dégagé du souci du mot noble, qui préoccu-

pait tant les poètes du XVIIIe siècle. Il a retrouvé
l'heureuse brutalité des anciens, leur science du
détail réaliste qui frappe l'imagination et fait surgir
la scène devant les yeux :

> Comme on voit dans l'été, sur les herbes fauchées,
> Deux louves, remuant les feuilles desséchées,
> S'arrêter face à face et se montrer la dent ;
> La rage les excite au combat ; cependant
> Elles tournent en rond lentement, et s'attendent ;
> Leurs mufles amaigris l'un vers l'autre se tendent.

Son éducation littéraire avait nécessairement mé-
langé d'éléments étrangers ce vieux réalisme païen,
qui semble lui avoir été naturel. Musset nommait
Régnier son premier maître, et il y a en effet du
Régnier dans plus d'un passage, par exemple dans
la comparaison des fileuses :

> Ainsi qu'on voit souvent, sur le bord des marnières,
> S'accroupir vers le soir de vieilles filandières,
> Qui, d'une main calleuse agitant leur coton,
> Faibles, sur leur genou laissent choir leur menton ;
> De même l'on dirait que, par l'âge lassée,
> Cette pauvre maison, honteuse et fracassée,
> S'est accroupie un soir au bord de ce chemin.

Le romantisme des *Contes d'Espagne et d'Italie*
pouvait aussi compter pour du nouveau. Victor
Hugo en était encore aux *Orientales*, et Musset le
dépassait en hardiesse. Ses vers disloqués, ses
débauches de métaphores, le plaçaient tout à l'avant-
garde de l'armée révolutionnaire, tandis que sa verve
turbulente et son ironie en faisaient une espèce
d'enfant perdu, que nul ne pouvait se flatter de

retenir dans le rang. Lui-même avait pris soin d'avertir qu'on y perdrait sa peine et son temps. Il avait signifié dans *Mardoche* à l' « école rimeuse » qu'il ne voulait rien avoir de commun avec elle :

> Les Muses visitaient sa demeure cachée,
> Et, quoiqu'il fît rimer *idée* avec *fâchée*,
> On le lisait.....

Même irrévérence à l'égard des autres réformes. Cet audacieux s'était permis de parodier dans la *Ballade à la lune* les rythmes et les images romantiques, et il affichait la prétention d'exprimer ce qu'il sentait, non ce qu'il était à la mode de sentir. La mode était aux airs funestes et penchés; Musset osait être gai et se moquait des mélancoliques :

> RAFAEL.
>
> Triste, abbé? — Vous avez le vin triste? — Italie,
> Voyez-vous, à mon sens, c'est la rime à folie.
> Quant à mélancolie, elle sent trop les trous
> Aux bas, le quatrième étage, et les vieux sous.

Il ne trompait pas ses maîtres du Cénacle; il leur disait aussi clairement que possible sur quels points il se séparait d'eux. Quant à leur dire où il en serait le lendemain, s'il referait *Candide* ou *Manfred*, il eût été embarrassé de le faire; il n'en savait rien, et n'avait personne pour l'aider à voir clair en lui-même. « Les *Contes d'Espagne et d'Italie*, a dit Sainte-Beuve, posaient... une sorte d'énigme sur la nature, les limites et la destinée de ce talent. »

Énigme dont l'obscurité s'accroissait par le plus étrange pêle-mêle d'enfantillages de collégien [1], et de vers de haut vol, de ceux que le génie trouve et que le talent ne fabrique jamais, quelque peine qu'il y prenne.

> Ulric, nul œil des mers n'a mesuré l'abîme,
> Ni les hérons plongeurs, ni les vieux matelots.
> *Le soleil vient briser ses rayons sur leur cime,*
> *Comme un soldat vaincu brise ses javelots....*
>
> C'est ainsi qu'un nocher, sur les flots écumeux,
> *Prend l'oubli de la terre à regarder les cieux....*
>
> Heureux un amoureux ! . . . .
> . . . .
> On en rit, c'est hasard s'il n'a heurté personne ;
> Mais sa folie au front lui met une couronne,
> A l'épaule une pourpre, et *devant son chemin*
> *La flûte et les flambeaux, comme au jeune Romain.*

Comment un livre aussi déraisonnable, plein d'exagérations et de disparates, n'aurait-il pas choqué les esprits corrects et réjoui les fous? Les bonnes gens eurent la consolation de pouvoir dire en toute vérité que le succès des *Contes d'Espagne et d'Italie* tenait du scandale.

Le coupable se tenait coi et réfléchissait. Il trouvait de la vérité dans certaines critiques et se préparait à l'évolution que son tempérament poétique rendait inévitable dès qu'il serait hors de page.

1. . . . . . . pour la petitesse
De ses pieds, elle était Andalouse et comtesse

On en pourrait citer de moins innocents.

« Le romantique se déhugotise tout à fait », écrivait son père, le 19 septembre 1830, à son ami Cairol. Il n'était plus besoin d'indiscrétions pour s'en douter. La *Revue de Paris* avait publié en juillet le manifeste littéraire intitulé *les Secrètes Pensées de Rafaël*, que le Cénacle prit pour un désaveu, et qui n'était qu'une déclaration d'indépendance. A présent qu'on le lit de sang-froid, on a peine à comprendre qu'on ait pu s'y tromper.

> Salut, jeunes champions d'une cause un peu vieille,
> Classiques bien rasés, à la face vermeille,
> Romantiques barbus, aux visages blêmis!
> Vous qui des Grecs défunts balayez le rivage,
> Ou d'un poignard sanglant fouillez le moyen-âge,
> Salut! — J'ai combattu dans vos camps ennemis.
> Par cent coups meurtriers devenu respectable,
> Vétéran, je m'assois sur mon tambour crevé.
> Racine, rencontrant Shakespeare sur ma table,
> S'endort près de Boileau. . . . .

On s'y trompa pourtant, et les relations de Musset avec le groupe de Victor Hugo se refroidirent. Il est juste d'ajouter que Musset laissait percer un dessein arrêté de marcher à l'avenir sans lisières. Le mot d'*école poétique* lui paraissait maintenant vide de sens. « Nous discutons beaucoup, écrivait-il à son frère; je trouve même qu'on perd trop de temps à raisonner et épiloguer. J'ai rencontré Eugène Delacroix, un soir en rentrant du spectacle; nous avons causé peinture, en pleine rue, de sa porte à la mienne et de ma porte à la sienne, jusqu'à deux heures du matin; nous ne pouvions pas nous séparer. Avec le bon Antony Deschamps, sur le boulevard, j'ai discuté de huit heures du soir à onze heures. Quand je sors de chez Nodier ou de chez Achille (Devéria), je discute tout le long des rues avec l'un ou l'autre. En sommes-nous plus avancés? En fera-t-on un vers meilleur dans un poème, un trait meilleur dans un tableau? *Chacun de nous a dans le ventre un certain son qu'il peut rendre, comme un violon ou une clarinette. Tous les raisonnements du monde ne pourraient faire sortir du gosier d'un merle la chanson du sansonnet.* Ce qu'il faut à l'artiste ou au poète, c'est l'émotion. Quand j'éprouve, en faisant un vers, un certain battement de cœur que je connais, je suis sûr que mon vers est de la meilleure qualité que je puisse pondre. »

Plus loin, dans la même lettre : « Horace de V.... m'a appris une chose que je ne savais pas, c'est que depuis mes derniers vers, ils disent tous que je suis converti, converti à quoi? s'imaginent-ils que je me suis confessé à l'abbé Delille ou que j'ai été frappé de la grâce en lisant Laharpe? On s'attend sans doute que, au lieu de dire : « Prends ton épée « et tue-le », je dirai désormais : « Arme ton bras « d'un glaive homicide, et tranche le fil de ses jours ». Bagatelle pour bagatelle, j'aimerais encore mieux recommencer les *Marrons du feu* et *Mardoche.* » (4 août 1831.)

Des mois s'écoulèrent encore en discussions stériles. Une forte secousse morale, causée par la mort de son père (avril 1832), détermina enfin un retour au travail, et les anciens amis furent convoqués la

veille de Noël à une lecture de la *Coupe et les Lèvres*
et d'*A quoi rêvent les jeunes filles*. La séance fut gla-
ciale. Quand on se quitta, la séparation était con-
sommée entre le nourrisson du romantisme et le
Cénacle. Musset était désormais un isolé. Il l'avait
voulu et cherché.

Son nouveau volume parut tout à la fin de 1832,
sous ce titre : *Un spectacle dans un fauteuil*. La critique s'en occupa peu. Sainte-Beuve fit un article
(*Revue des Deux Mondes*, 15 janvier 1833) où Alfred
de Musset était discuté sérieusement et classé «parmi
les plus vigoureux artistes » du temps. Un journal
le loua chaudement; deux autres l'exécutèrent avec
de gros mots : *indigeste fatras, œuvre sans nom, fati-
gantes divagations*; la plupart lui firent dédaigneuse-
ment l'aumône du silence. Leur attitude maussade
ne se démentit point dans les années suivantes, et
elle répondait à celle du gros public. Musset était
retombé brusquement dans l'ombre. Le vrai succès,
celui qui ne s'oublie plus et classe définitivement un
écrivain, s'est fait beaucoup attendre pour lui. Il a
vu sa gloire avant de mourir; mais il n'en a pas joui
longtemps. Les raisons de cette longue éclipse sont
assez complexes.

Il y avait un peu de sa faute dans l'aigreur des
journalistes. Sous prétexte qu'il ne leur en voulait
nullement de leurs injures, il n'avait pas caché sa
joie gamine de ce que tous, ou à peu près, s'étaient
laissé prendre à la *Ballade à la lune*. En franc
étourdi, il s'était moqué sans pitié, dans les *Secrètes*

Pensées de Rafaël, de leurs grands frais d'indignation pour une plaisanterie :

> O vous, race des dieux, phalange incorruptible,
> Électeurs brevetés des morts et des vivants ;
> Porte-clefs éternels du mont inaccessible,
> Guindés, guédés, bridés, confortables pédants !
> Pharmaciens du bon goût, distillateurs sublimes,
> Seuls vraiment immortels, et seuls autorisés ;
> Qui, d'un bras dédaigneux, sur vos seins magnanimes
> Secouant le tabac de vos jabots usés,
> Avez toussé, — soufflé, — passé sur vos lunettes
> Un parement brossé pour les rendre plus nettes,
> Et, d'une main soigneuse ouvrant l'in-octavo,
> Sans partialité, sans malveillance aucune,
> Sans vouloir faire cas ni des ha ! ni des ho !
> Avez lu posément — la Ballade à la lune !!!
>
> Maîtres, maîtres divins, où trouverai-je, hélas !
> Un fleuve où me noyer, une corde où me pendre,
> Pour avoir oublié de faire écrire au bas :
> *Le public est prié de ne pas se méprendre...*
> . . . .
> On dit, maîtres, on dit qu'alors votre sourcil,
> En voyant cette lune, et ce point sur cet i,
> Prit l'effroyable aspect d'un accent circonflexe !

Le journaliste parisien accepte à la rigueur d'être
traité de pédant, même bridé, même guédé ! Mais
rien au monde ne lui est plus odieux, plus insupportable, exaspérant, inoubliable, que d'être convaincu
de naïveté. Les critiques de 1830 gardèrent longtemps
rancune à « ce jeune gentilhomme » qui « persiflait
tout ».

Plus de coterie pour le défendre, puisqu'il était
brouillé avec le Cénacle, et son nouveau volume était
justement difficile à comprendre. Des trois poèmes
qui le composaient, aucun n'était très accessible à la

foule sans le secours de commentaires. Le premier,
la *Coupe et les Lèvres*, étonnait tout d'abord par sa
forme inusitée. Ce chœur emprunté à la tragédie
grecque, qui venait exprimer des idées fort peu anti-
ques dans un langage très moderne, troublait et
déroutait le lecteur. D'autre part, la donnée de la
pièce est loin d'être nette ; plusieurs idées assez
disparates s'y succèdent ou s'y mêlent confusé-
ment. L'auteur glisse sans s'en apercevoir de son
sujet primitif à un autre sujet tout différent. Au premier acte, il semble qu'il ait voulu faire la tragédie
de l'orgueil, comme Corneille a fait celle de la
volonté, et qu'il va s'attacher à le montrer grandissant dans une âme ardente et forte.

> Tout nous vient de l'orgueil, même la patience.
> L'orgueil, c'est la pudeur des femmes, la constance
> Du soldat dans le rang, du martyr sur la croix.
> L'orgueil, c'est la vertu, l'honneur et le génie ;
> C'est ce qui reste encor d'un peu beau dans la vie,
> La probité du pauvre et la grandeur des rois....

> LE CHŒUR.

> Frank, une ambition terrible te dévore.
> Ta pauvreté superbe elle-même s'abhorre ;
> Tu te hais, vagabond, dans ton orgueil de roi,
> Et tu hais ton voisin d'être semblable à toi....

Mais ensuite ? Frank, qui s'élançait dans la vie avec
tant de superbe, rencontre dans la forêt Belcolor qui
lui dit : « Monte à cheval et viens souper chez moi »,
et le sujet change brusquement. Frank est maintenant celui que la débauche a touché dans la fleur de sa
jeunesse et qui en garde au cœur une flétrissure.

Ah! malheur à celui qui laisse la débauche
Planter le premier clou sous sa mamelle gauche!
Le cœur d'un homme vierge est un vase profond :
Lorsque la première eau qu'on y verse est impure,
La mer y passerait sans laver la souillure;
Car l'abîme est immense, et la tache est au fond.

Musset est revenu sur cette idée à bien des reprises, et toujours avec un accent poignant, où se trahit un retour sur lui-même et l'âpreté d'un regret.

Au cinquième acte, la gracieuse idylle de Déidamia fait de nouveau dévier le sujet et termine le drame par un événement romanesque, un pur accident; à moins que l'on n'accepte l'interprétation que M. Émile Faguet a donnée récemment du dénouement de la *Coupe et les Lèvres* [1], interprétation très intéressante, parce qu'elle supprime l'accident et rend au poème l'unité qui lui manquait. D'après M. Faguet, Frank « revient à l'amour d'enfance comme à une renaissance et à un rachat... et ne peut le ressaisir; car Belcolor (qu'il faut comprendre ici comme un symbole), car le spectre de la débauche le regarde, l'attire, le tue ».

Quoi qu'il en soit, Frank est le plus byronien des héros de Musset, et cela est curieux, car Musset se défendait avec vivacité, dans la dédicace même de la *Coupe et les Lèvres*, d'avoir cédé à l'influence des *Manfred* et des *Lara* :

On m'a dit l'an passé que j'imitais Byron;
Vous qui me connaissez, vous savez bien que non.
Je hais comme la mort l'état de plagiaire;
Mon verre n'est pas grand, mais je bois dans mon verre.

1. *Études littéraires. XIXᵉ siècle.*

Le byronisme fut un des lambeaux du manteau romantique dont il ne se débarrassa jamais. Il avait beau le rejeter, le brillant haillon se retrouvait tout à coup sur ses épaules. Nous l'y reverrons dans tout son éclat quand Musset écrira *Rolla* et la *Confession d'un Enfant du siècle.*

Un public qui n'avait point prêté d'attention aux grandes et tragiques imaginations de la *Coupe et les Lèvres* n'était guère capable de goûter cette perle de poésie qui, s'appelle *A quoi rêvent les jeunes filles.* Il faut avoir soi-même beaucoup de fantaisie, ou s'être mis à l'école des féeries de Shakespeare, pour accepter sans hésitation l'invraisemblable idée du bon duc Laërte, ce père prévoyant qui chante des sérénades sous le balcon de ses filles, afin qu'elles aient eu leur petit roman avant de faire les mariages de convenance arrangés de toute éternité par les familles. Voyez pourtant combien le vieux Laërte avait raison. Personne ne le seconde. Les deux prétendants auxquels reviendrait le soin des romances et des billets doux sont, l'un trop timide, l'autre trop bête. Irus ne fait que des sottises, Silvio ne fait rien, et tous les deux gênent Laërte au lieu de profiter de ses leçons et de grimper dans le pays du bleu sur des échelles de soie. Mais telle est la force d'une idée juste, que tout s'arrange, malgré tout, comme le vieux duc l'avait prévu. Ninon et Ninette auront respiré la poésie de l'amour avant de se dévouer, en bonnes et honnêtes petites filles, à la prose du mariage. Elles auront été poètes elles-

mêmes pendant toute une soirée, et se seront ainsi
élevées d'un degré sur l'échelle des créatures.

NINON.

L'eau, la terre et les vents, tout s'emplit d'harmonies.
Un jeune rossignol chante au fond de mon cœur.
J'entends sous les roseaux murmurer des génies....
Ai-je de nouveaux sens inconnus à ma sœur?

NINETTE.

Pourquoi ne puis-je voir sans plaisir et sans peine
Les baisers du zéphyr trembler sur la fontaine,
Et l'ombre des tilleuls passer sur mes bras nus?
Ma sœur est une enfant — et je ne le suis plus.

NINON.

O fleurs des nuits d'été, magnifique nature!
O plantes! ô rameaux, l'un dans l'autre enlacés!

NINETTE.

O feuilles des palmiers, reines de la verdure,
Qui versez vos amours dans les vents embrasés!

Il y a dans cette petite pièce une grâce rafraîchis-
sante. On n'avait jamais prêté langage plus exquis à
l'amour jeune et ingénu. Le duo que Ninon et Silvio
soupirent sur la terrasse était un acte de foi, que ne
faisaient pas prévoir les *Contes d'Espagne et d'Italie*,
envers la passion chaste et tendre, trésor des cœurs
purs. Le poète y est revenu plus d'une fois, et cela
lui a toujours porté bonheur.

Le ton changeait encore avec le dernier poème,
Namouna, et ne cessait plus de changer, tantôt
cynique, tantôt éloquent et passionné, tantôt attendri.
Musset y avait mis beaucoup de lui-même, et l'on
sait s'il était « ondoyant et divers ». C'est surtout

dans la fameuse tirade sur *don Juan* qu'il s'est livré
avec abandon. C'était son propre rêve qu'il contait,
dans les strophes étincelantes où il peint ce bel
adolescent

Aimant, aimé de tous, ouvert comme une fleur,

que la divinisation de la sensation condamne à la
recherche éperdue d'un idéal impossible, et qui en
meurt le sourire aux lèvres, « plein d'espoir dans
sa route infinie ». Les don Juan, hélas! sont exposés
à devenir des Rolla. Quand Musset le comprit, il
était trop tard, et il ne put que crier d'angoisse
comme Frank.

Il est à remarquer que le *Spectacle dans un fauteuil*
ne contient plus guère de rejets et de vers brisés,
sauf dans *Namouna*. La forme de Musset devient un
compromis entre la nouvelle école et l'ancienne. Il
érige de plus en plus en système la pauvreté de la
rime :

Vous trouverez, mon cher, mes rimes bien mauvaises;
Quant à ces choses-là, je suis un réformé.
Je n'ai plus de système, et j'aime mieux mes aises;
Mais j'ai toujours trouvé honteux de cheviller.
Je vois chez quelques-uns, en ce genre d'escrime,
Des rapports trop exacts avec un menuisier.
Gloire aux auteurs nouveaux, qui veulent à la rime
Une lettre de plus qu'il n'en fallait jadis!
Bravo! c'est un bon clou de plus à la pensée.
La vieille liberté par Voltaire laissée
Était bonne autrefois pour les petits esprits.

Il renie la couleur locale obligatoire, fabriquée avec
les *Guides des voyageurs* :

Considérez aussi que je n'ai rien volé
A la Bibliothèque ; — et, bien que cette histoire
Se passe en Orient, je n'en ai point parlé.
Il est vrai que, pour moi, je n'y suis point allé.
Mais c'est si grand, si loin! — Avec de la mémoire
On se tire de tout : — allez voir pour y croire.

Si d'un coup de pinceau je vous avais bâti
Quelque ville *aux toits bleus*, quelque *blanche* mosquée,
Quelque tirade en vers, d'or et d'argent plaquée,
Quelque description de minarets flanquée,
Avec l'horizon *rouge* et le ciel assorti,
M'auriez-vous répondu : « Vous en avez menti » ?

(*Namouna.*)

Musset savait mieux que personne ce que valait la couleur locale ainsi comprise; il venait de faire sa description du Tyrol, dans la *Coupe et les Lèvres*, avec un vieux dictionnaire de géographie.

Il était donc revenu de ses audaces romantiques, mais il ne s'était pas réconcilié pour cela avec les classiques, qu'il continuait à plaisanter :

L'âme et le corps, hélas! ils iront deux à deux,
Tant que le monde ira, — pas à pas, — côte à côte —
Comme s'en vont les vers classiques et les bœufs.

Placé ainsi entre les deux camps, il ne lui restait plus qu'à être lui-même. A défaut d'un peuple d'admirateurs, il avait sa poignée de fidèles. Ceux-ci avaient perçu, dès le premier jour, l'accent personnel au travers des notes d'emprunt, et ils ne demandaient à l'auteur du *Don Juan* que d'être Musset, encore Musset, toujours Musset. Sa mère lui conte dans une lettre de 1834 qu'un danseur de sa sœur, un polytechnicien, a dit à celle-ci : « Made-

moiselle, on m'a dit que vous êtes la sœur de
M. Alfred de Musset? — Oui, monsieur, j'ai cet
honneur-là. — Vous êtes bien heureuse, mademoiselle. » Mme de Musset-Pathay ajoute que toute
l'École polytechnique ne jure que par lui (13 février).
Au moment où Mme de Musset-Pathay traçait ces
lignes, la jeunesse de son fils était finie. Il avait
vingt-trois ans. Les six années écoulées depuis sa
sortie du collège avaient été des années légères.
Elles sont résumées dans une de ses chansons, d'une
mélancolie souriante :

> J'ai dit à mon cœur, à mon faible cœur :
> N'est-ce point assez d'aimer sa maîtresse?
> Et ne vois-tu pas que changer sans cesse,
> C'est perdre en désirs le temps du bonheur?
>
> Il m'a répondu : Ce n'est point assez,
> Ce n'est point assez d'aimer sa maîtresse;
> Et ne vois-tu pas que changer sans cesse,
> Nous rend doux et chers les plaisirs passés?
>
> J'ai dit à mon cœur, à mon faible cœur :
> N'est-ce point assez de tant de tristesse?
> Et ne vois-tu pas que changer sans cesse,
> C'est à chaque pas trouver la douleur?
>
> Il m'a répondu : Ce n'est point assez,
> Ce n'est point assez de tant de tristesse;
> Et ne vois-tu pas que changer sans cesse
> Nous rend doux et chers les chagrins passés?
>
> (1831)

Le temps est passé de l'insouciance heureuse.
Nous arrivons à la grande crise de la vie de Musset.
Il va aimer vraiment pour la première fois, et il ne
trouvera plus que les chagrins d'amour sont « doux
et chers ».

CHAPITRE IV

GEORGE SAND

George Sand à Sainte-Beuve (mars 1833) : «.... A propos, réflexion faite, je ne veux pas que vous m'ameniez Alfred de Musset. Il est très dandy, nous ne nous conviendrions pas, et j'aurais plus de curiosité que d'intérêt à le voir. Je pense qu'il est imprudent de satisfaire toutes ses curiosités, et meilleur d'obéir à ses sympathies. A la place de celui-là, je veux donc vous prier de m'amener Dumas, en l'art de qui j'ai trouvé de l'âme, abstraction faite du talent.... »

Quelque temps après, Alfred de Musset et George Sand se rencontrèrent à un dîner offert par la *Revue des Deux Mondes*. Ils se trouvèrent placés l'un à côté de l'autre et convinrent de se revoir. Des lettres de Musset non datées, que j'ai sous les yeux, forment une espèce de prologue au drame. On en est aux formules cérémonieuses et aux politesses banales.

La première lettre qui marque un progrès dans l'intimité a été écrite à propos de *Lélia*[1], que George Sand avait envoyée à Musset. Celui-ci remercie avec chaleur, et glisse au travers de ses compliments qu'il serait bien heureux d'être admis au rang de camarade. Le « Madame » disparaît aussitôt de la correspondance. Musset s'enhardit et se déclare, une première fois avec gentillesse, une seconde avec passion, et leur destin à tous deux s'accomplit. George Sand annonce sans ambages à Sainte-Beuve qu'elle est la maîtresse de Musset et ajoute qu'il peut le dire à tout le monde; elle ne lui demande pas de « discrétion ». — « Ici, dit-elle, bien loin d'être affligée et méconnue, je trouve une candeur, une loyauté, une tendresse qui m'enivrent. C'est un amour de jeune homme et une amitié de camarade. C'est quelque chose dont je n'avais pas l'idée, que je ne croyais rencontrer nulle part, et surtout là. Je l'ai niée cette affection, je l'ai repoussée, je l'ai refusée d'abord, et puis je me suis rendue, et je suis heureuse de l'avoir fait. Je m'y suis rendue par amitié plus que par amour, et l'amitié que je ne connaissais pas s'est révélée à moi sans aucune des douleurs que je croyais accepter. » (25 août 1833.)

La même au même : «.... J'ai été malade, mais je suis bien. Et puis je suis heureuse, très heureuse, mon ami. Chaque jour je m'attache à *lui*; chaque

1. *Lélia* est enregistrée dans le numéro du 10 août 1833 de la *Bibliographie de la France*, ce qui place son apparition, selon toutes probabilités, entre le 1er et le 5 août.

jour je vois s'effacer en lui les petites choses qui me faisaient souffrir; chaque jour je vois luire et briller les belles choses que j'admirais. Et puis encore, par-dessus tout ce qu'il est, il est *bon enfant*, et son intimité m'est aussi douce que sa préférence m'a été précieuse. » (21 septembre.)

Fin septembre : « J'ai blasphémé la nature, et Dieu peut-être, dans *Lélia*; Dieu qui n'est pas méchant, et qui n'a que faire de se venger de nous, m'a fermé la bouche en me rendant la jeunesse du cœur et en me forçant d'avouer qu'il a mis en nous des joies sublimes.... »

Tels furent les débuts de cette liaison fameuse, qu'on ne peut passer sous silence dans une biographie d'Alfred de Musset, non pour le bas plaisir de remuer des commérages et des scandales, ni parce qu'elle met en cause deux écrivains célèbres, mais parce qu'elle a eu sur Musset une influence décisive, et aussi parce qu'elle présente un exemple unique et extraordinaire de ce que l'esprit romantique pouvait faire des êtres devenus sa proie. La correspondance de ces illustres amants, où l'on suit pas à pas les ravages du monstre, est l'un des documents psychologiques les plus précieux de la première moitié du siècle. On y assiste aux efforts insensés et douloureux d'un homme et d'une femme de génie pour vivre les sentiments d'une littérature qui prenait ses héros en dehors de toute réalité, et pour être autant au-dessus ou en dehors de la nature que les Hernani et les Lélia. On y voit la nature se venger dure-

ment de ceux qui l'ont offensée, et les condamner à
se torturer mutuellement. C'est d'après cette correspondance que nous allons essayer de raconter une
histoire qu'on peut dire ignorée, quoiqu'on en ait
tant parlé, car tous ceux qui s'en sont occupés ont
pris à tâche de la défigurer. Paul de Musset travestit
les faits à dessein dans sa *Biographie. Elle et Lui*, de
George Sand, et la réponse de Paul de Musset, *Lui
et Elle*, sont des livres de rancune, nés de l'état de
guerre créé et entretenu par des amis, pleins de
bonnes intentions sans doute, mais, à coup sûr,
bien mal inspirés. Il n'est pas jusqu'aux lettres de
George Sand imprimées dans sa *Correspondance*
générale qui n'aient été tronquées selon les besoins
de la cause. Personne, autour d'eux, ne faisait cette
réflexion, qu'en diminuant l'*autre*, on amoindrissait
d'autant son propre héros.

Ils n'eurent pas à s'écrire pendant les premiers
mois, mais Musset a comblé cette lacune dans la
Confession d'un Enfant du siècle, dont les trois dernières parties sont le tableau, impitoyable pour lui-
même, triomphant pour son amie, de son intimité
avec George Sand. Il ne s'y est pas épargné. Ses
graves défauts de caractère, ses torts dès le début,
y sont peints avec une sorte de fureur. Et avec
quelle véracité, un fragment inédit de George Sand
en fait foi : « Je vous dirai que cette *Confession d'un
Enfant du siècle* m'a beaucoup émue en effet. Les
moindres détails d'une intimité malheureuse y sont
si fidèlement, si minutieusement rapportés depuis la

première heure jusqu'à la dernière, depuis la *sœur de charité* jusqu'à l'*orgueilleuse insensée*, que je me suis mise à pleurer comme une bête en fermant le livre. » (A Mme d'Agoult, 25 mai 1836.)

Il avait pris tous les torts pour lui et poétisé le dénouement. Qu'on s'en souvienne, et qu'on relise ce récit haletant : on verra jour par jour, heure par heure, les étapes de ce supplice adoré, que résume ce cri de détresse jeté par George Sand au moment de la rupture : « Je ne veux plus de toi, mais je ne peux m'en passer! » (Lettre à Musset, fév. ou mars 1835.) Et plus on relit, plus il éclate aux yeux, que ce qui est arrivé devait arriver.

Chacun d'eux souhaitait et exigeait l'impossible. Musset, passionnément épris pour la première fois de sa vie, avait derrière lui un passé libertin, qui s'attachait à lui comme la tunique de Nessus et contraignait son esprit à torturer son cœur. Comme le pêcheur de *Portia*, « il ne *croyait* pas », et il avait un besoin désespéré de croire. Il rêvait d'un amour au-dessus de tous les amours, qui fût à la fois un délire et un culte. Il comprenait bien qu'aucun des deux n'en était plus là, mais il ne pouvait en prendre son parti, passait son temps à essayer d'escalader le ciel et à retomber dans la boue, et il en voulait alors à George Sand de sa chute. Un quart d'heure après l'avoir traitée « comme une idole, comme une divinité », il l'outrageait par des soupçons jaloux, par des questions injurieuses sur son passé. « Un quart d'heure après l'avoir insultée, j'étais à genoux; dès

que je n'accusais plus, je demandais pardon; dès
que je ne raillais plus, je pleurais. Alors un délire
inouï, une fièvre de bonheur, s'emparaient de moi;
je me montrais navré de joie, je perdais presque la
raison par la violence de mes transports; je ne savais
que dire, que faire, qu'imaginer, pour réparer le
mal que j'avais fait. Je prenais Brigitte dans mes
bras, et je lui faisais répéter cent fois, mille fois,
qu'elle m'aimait et qu'elle me pardonnait.... Ces
élans du cœur duraient des nuits entières, pendant
lesquelles je ne cessais de parler, de pleurer, de me
rouler aux pieds de Brigitte, de m'enivrer d'un
amour sans bornes, énervant, insensé. » Le jour
ramenait le doute, car la divinité n'était qu'une
femme, que son génie ne mettait pas à l'abri des fai-
blesses humaines et qui, comme lui, avait un passé.

Entre les tourmentes, il y avait de beaux et chauds
soleils. Musset repentant devenait doux et soumis
comme un enfant. Il n'était que tendresse, que respect. Il faisait vivre son amie parmi les adorations,
l'exaltait au-dessus de toutes les créatures et l'eni-
vrait d'un amour dont la violence le jetait pâle
et défaillant à ses pieds. Il s'est tu, dans sa rage
contre lui-même, sur ces accalmies. Il dit : « Ce
furent d'heureux jours; ce n'est pas de ceux-là qu'il
faut parler »; et il passe.

George Sand, elle aussi, se débattait entre une chimère et la réalité. Elle s'était forgé, vis-à-vis de
Musset, plus jeune de six ans, un idéal d'affection
semi-maternelle qu'elle croyait très élevé, tandis

qu'il n'était que très faux. Elle y puisait une compassion orgueilleuse pour son « pauvre enfant », si
faible, si déraisonnable, et elle lui faisait un peu trop
sentir sa supériorité d'ange gardien. Elle le grondait
avec infiniment de douceur et de raison (elle a toujours raison, dans leur correspondance), mais cette
voix impeccable finissait par irriter Musset. Il ne
réprimait pas un sourire ironique, une allusion rail-
leuse, et l'orage recommençait.

Tous les deux chérissaient néanmoins leurs chaînes,
parce que les heures de sérénité leur paraissaient
encore plus douces que les mauvaises n'étaient
amères. Quelques amis s'étonnaient et blâmaient.
De quoi se mêlaient-ils ? George Sand répondait avec
beaucoup de sens à l'un de ces indiscrets : « Il y a
tant de choses entre deux amants dont eux seuls au
monde peuvent être juges ! »

L'automne de 1833 fut coupé par cette excursion
à Fontainebleau qu'ils ont tour à tour célébrée et
maudite en prose et en vers. Décembre les vit partir
ensemble pour l'Italie. Les récits qui ont été faits de
ce voyage, et de ce qui l'a suivi, ont si peu de rapport avec la réalité, qu'il faut ici préciser et mettre
les dates, afin de rétablir une fois pour toutes la
vérité des faits. Les héros du drame — on ne saurait
trop le répéter — n'ont qu'à gagner à ce que la
lumière se fasse.

Ils s'embarquèrent le 22 décembre à Marseille,
firent un court séjour à Gênes, un autre à Florence,
et repartirent le 28 (ou le 29) pour Venise, où ils

arrivèrent dans les premiers jours de janvier. George
Sand, malade depuis Gênes, prit le lit le jour même
de son arrivée à Venise, et y fut retenue deux
semaines par la fièvre. Le 28 janvier, elle peut enfin
annoncer à son ami Boucoiran qu'elle « va bien au
physique comme au moral », mais ce n'est qu'un
répit. Le 4 février, elle lui récrit : « Je viens encore
d'être malade cinq jours d'une dyssenterie affreuse.
Mon compagnon de voyage est très malade aussi.
Nous ne nous en vantons pas parce que nous avons
à Paris une foule d'ennemis qui se réjouiraient en
disant : « Ils ont été en Italie pour s'amuser et ils
« ont le choléra! quel plaisir pour nous! ils sont
« malades! » Ensuite Mme de Musset serait au désespoir si elle apprenait la maladie de son fils, ainsi n'en
soufflez mot. Il n'est pas dans un état inquiétant,
mais il est fort triste de voir languir et souffrotter
une personne qu'on aime et qui est ordinairement si
bonne et si gaie. J'ai donc le cœur aussi barbouillé
que l'estomac. » Musset commençait sa grande maladie.

Les deux amants venaient justement d'avoir leur
première brouille, ce qui ne veut pas dire qu'ils ne
se vissent plus. L'album de voyage de Musset, qui
existe encore, ne cesse pas un instant de représenter
George Sand. On la voit en tenue de voyage, en costume d'intérieur, en Orientale qui fume sa pipe, en
touriste qui marchande un bibelot. Sur une page,
elle regarde malicieusement Musset à travers son
éventail. Sur une autre, elle fume une cigarette avec
sérénité, tandis qu'il a le mal de mer. On tourne, on

tourne encore, et c'est elle, toujours elle, et deux
vers de Musset, presque les derniers qu'il ait publiés,
remontent à la pensée :

> Ote-moi, mémoire importune,
> Ote-moi ces yeux que je vois toujours !

Ils s'étaient néanmoins brouillés. Musset avait été
violent et brutal. Il avait fait pleurer ces grands yeux
noirs qui le hantèrent jusqu'à la mort, et il n'était
pas accouru un quart d'heure après demander son
pardon. La maladie fit tout oublier. Elle ouvre dans
leur roman un chapitre nouveau, qui est touchant à
force d'absurdité.

Le 5 février, il est tout à coup en danger : « Je
suis rongée d'inquiétudes, accablée de fatigue, malade
et au désespoir.... Gardez un silence absolu sur la
maladie d'Alfred à cause de sa mère qui l'apprendrait
infailliblement et en mourrait de chagrin. » (*A Boucoiran.*) Le 8, au même : « Il est réellement en
danger.... Les nerfs du cerveau sont tellement entrepris que le délire est affreux et continuel. Aujour-
d'hui cependant il y a un mieux extraordinaire. La
raison est pleinement revenue et le calme est parfait.
Mais la nuit dernière a été horrible. Six heures d'une
frénésie telle que, malgré deux hommes robustes, il
courait nu dans la chambre. Des cris, des chants,
des hurlements, des convulsions, ô mon Dieu, mon
Dieu ! quel spectacle ! »

Musset dut la vie au dévouement de George Sand
et d'un jeune médecin nommé Pagello. A peine

fut-il en convalescence, que le vertige du sublime et
de l'impossible ressaisit les deux amants. Ils imagi-
nèrent les déviations de sentiment les plus bizarres,
et leur intérieur fut le théâtre de scènes qui égalaient
en étrangeté les fantaisies les plus audacieuses de
la littérature contemporaine. Musset, toujours avide
d'expiation, s'immolait à Pagello, qui avait subi à
son tour la fascination des grands yeux noirs. Pagello
s'associait à George Sand pour récompenser par une
« amitié sainte » leur victime volontaire et héroïque,
et tous les trois étaient grandis au-dessus des proportions humaines par la beauté et la pureté de ce
« lien idéal ». George Sand rappelle à Musset, dans
une lettre de l'été suivant, combien tout cela leur avait
paru simple. « Je l'aimais comme un père, et tu
étais notre enfant à tous deux. » Elle lui rappelle
aussi leurs émotions solennelles « lorsque tu lui arra-
chas, à Venise, l'aveu de son amour pour moi, et
qu'il te jura de me rendre heureuse. Oh ! cette nuit
d'enthousiasme où, malgré nous, tu joignis nos mains
en nous disant : « Vous vous aimez, et vous m'aimez
« pourtant ; vous m'avez sauvé, âme et corps ». Ils
avaient entraîné l'honnête Pagello, qui ignorait jusqu'au nom du romantisme, dans leur ascension vers
la folie. Pagello disait à George Sand avec attendris-
sement : *il nostro amore per Alfredo*, notre amour
pour Alfred. George Sand le répétait à Musset, qui
en pleurait de joie et d'enthousiasme.
Pagello conservait cependant un reste de bon sens.
En sa qualité de médecin, il jugea que cet état d'exal-

tation chronique, qui n'empêchait pas Musset d'être amoureux — au contraire, — ne valait rien pour un homme relevant à peine d'une fièvre cérébrale. Il conseilla une séparation, qui s'accomplit le 1ᵉʳ avril (ou le 31 mars) par le départ de Musset pour la France. Le 6, George Sand donne à son ami Boucoiran, dans une lettre confidentielle, les raisons médicales de cette détermination, et elle ajoute : « Il était encore bien délicat pour entreprendre ce long voyage et je ne suis pas sans inquiétude sur la manière dont il le supportera. Mais il lui était plus nuisible de rester que de partir, et chaque jour consacré à attendre le retour de sa santé le retardait au lieu de l'accélérer.... Nous nous sommes quittés peut-être pour quelques mois, peut-être pour toujours. Dieu sait maintenant ce que deviendront ma tête et mon cœur. Je me sens de la force pour vivre, pour travailler, pour souffrir. »

« La manière dont je me suis séparée d'Alf. m'en a donné beaucoup. Il m'a été doux de voir cet homme si frivole, si athée en amour, si incapable (à ce qu'il me semblait d'abord) de s'attacher à moi sérieusement, devenir bon, affectueux et loyal de jour en jour. Si j'ai quelquefois souffert de la différence de nos caractères et surtout de nos âges, j'ai eu encore plus souvent lieu de m'applaudir des autres rapports qui nous attachaient l'un à l'autre. Il y a en lui un fonds de tendresse, de bonté et de sincérité qui doivent le rendre adorable à tous ceux qui le connaîtront bien et qui ne le jugeront pas sur des actions légères. »

« .... Je doute que nous redevenions amants. Nous ne nous sommes rien promis l'un à l'autre, sous ce rapport, mais nous nous aimerons toujours, et les plus doux moments de notre vie seront ceux que nous pourrons passer ensemble. »

Musset écrit à Venise de toutes les étapes de la route. Ses lettres sont des merveilles de passion et de sensibilité, d'éloquence pathétique et de poésie pénétrante. Il y a çà et là une pointe d'emphase, un brin de déclamation; mais c'était le goût du temps et, pour ainsi dire, la poétique du genre [1].

Il lui écrit qu'il a bien mérité de la perdre, pour ne pas avoir su l'honorer quand il la possédait, et pour l'avoir fait beaucoup souffrir. Il pleure la nuit dans ses chambres d'auberge, et il est néanmoins presque heureux, presque joyeux, parce qu'il savoure les voluptés du sacrifice. Il l'a laissée aux mains d'un homme de cœur qui saura lui donner le bonheur, et il est reconnaissant à ce brave garçon; il l'aime, il ne peut retenir ses larmes en pensant à lui. Elle a beau ne plus être pour l'absent qu'un frère chéri, elle restera toujours l'unique amie.

George Sand à Musset (3 avril) : « Ne t'inquiète

---

1. La famille de Musset s'oppose malheureusement, par des scrupules infiniment respectables, mais que je ne puis m'empêcher de croire mal inspirés, à ce qu'il soit imprimé aucun fragment de ses lettres inédites, et particulièrement de ses lettres à George Sand. Il est cruel pour le biographe d'être contraint de traduire du Musset, et quel Musset! dans une prose quelconque. Il est injuste et imprudent de ne pas laisser Musset parler pour lui-même en face d'un adversaire tel que George Sand, dont les lettres sont aussi bien éloquentes.

pas de moi; je suis forte comme un cheval; mais ne me dis pas d'être gaie et tranquille. Cela ne m'arrivera pas de sitôt. Ah! qui te soignera et qui soignerai-je? Qui aura besoin de moi, et de qui voudrai-je prendre soin désormais? *Comment me passerai-je du bien et du mal que tu me faisais?...*

« Je ne te dis rien de la part de P. (Pagello) sinon qu'il pleure presque autant que moi. »

(15 avril.) «.... Ne crois pas, ne crois pas, Alfred, que je puisse être heureuse avec la pensée d'avoir perdu ton cœur. Que j'aie été ta maîtresse ou ta mère, peu importe! Que je t'aie inspiré de l'amour ou de l'amitié, que j'aie été heureuse ou malheureuse avec toi, tout cela ne change rien à l'état de mon âme à présent. Je sais que je t'aime à présent, et c'est tout.... »

Elle se demande comment une affection aussi maternelle que la sienne a pu engendrer tant d'amertumes : « Pourquoi, moi qui aurais donné tout mon sang pour te donner une nuit de repos et de calme, suis-je devenue pour toi un tourment, un fléau, un spectre? Quand ces affreux souvenirs m'assiègent (et à quelle heure me laisseront-ils en paix?), je deviens presque folle, je couvre mon oreiller de larmes. J'entends ta voix m'appeler dans le silence de la nuit. Qui est-ce qui m'appellera à présent? Qui est-ce qui aura besoin de mes veilles? A quoi emploierai-je la force que j'ai amassée pour toi, et qui, maintenant, se tourne contre moi-même? Oh! mon enfant, mon enfant! Que j'ai besoin de ta ten-

dresse et de ton pardon! Ne parle pas du mien,
ne dis jamais que tu as eu des torts envers moi.
Qu'en sais-je? Je ne me souviens plus de rien,
sinon que nous avons été bien malheureux et que
nous nous sommes quittés. Mais je sais, je sens,
que nous nous aimerons toute la vie... Le sentiment qui nous unit est fermé à tant de choses,
qu'il ne peut se comparer à aucun autre. Le monde
n'y comprendra jamais rien. Tant mieux! nous nous
aimerons et nous nous moquerons de lui. »

« .... Je vis à peu près seule... P. vient dîner
avec moi. Je passe avec lui les plus doux moments
de ma journée à parler de toi. Il est si sensible et
si bon, cet homme! Il comprend si bien ma tristesse!
Il la respecte si religieusement! »

Les lettres de George Sand étaient plus généreuses
que prudentes. Elles agirent fortement sur une sensibilité que la maladie avait surexcitée. Musset était
arrivé à Paris le 12 avril et s'était aussitôt lancé à
corps perdu dans le monde et les plaisirs, espérant
que la distraction viendrait à bout du chagrin qui le
dévorait. Le 19, il prie son amie de ne plus lui écrire
sur ce ton, et de lui parler plutôt de son bonheur
présent; c'est la seule pensée qui lui rende le courage. Le 30, il la remercie avec transport de lui
continuer son affection, et la bénit pour son influence bienfaisante. Il vient de renoncer à la vie de
plaisir, et c'est à son grand George qu'il doit d'en
avoir eu la force. Elle l'a relevé; elle l'a arraché à
son mauvais passé; elle a ranimé la foi dans ce cœur

qui ne savait que nier et blasphémer : s'il fait jamais
quelque chose de grand, c'est à elle qu'il le devra.

Il continue à parler de Pagello avec tendresse. Il
va jusqu'à dire : « Lorsque j'ai vu ce brave P., j'y
ai reconnu la bonne partie de moi-même, mais pure,
exempte des souillures irréparables qui l'ont empoisonnée en moi. C'est pourquoi j'ai compris qu'il
fallait partir. » On remarque cependant une nuance
dans son amitié pour Pagello, aussitôt que Musset
est rentré à Paris. Il semble qu'en remettant le pied
dans cette ville gouailleuse, il ait eu un vague soupçon que le « lien idéal » dont tous trois étaient si fiers
pourrait bien être une erreur, et une erreur ridicule.

A la page suivante, il confesse ses enfantillages.
Il a retrouvé un petit peigne cassé qui avait servi à
George Sand, et il va partout avec ce débris dans sa
poche.

Plus loin : « Je m'en vais faire un roman. J'ai bien
envie d'écrire notre histoire. Il me semble que cela
me guérirait et m'élèverait le cœur. Je voudrais te
bâtir un autel, fût-ce avec mes os !. »

Ce projet est devenu la Confession d'un Enfant
du siècle. George Sand avait déjà commencé, de
son côté, à exploiter la mine des souvenirs. La première des Lettres d'un voyageur était écrite, et an-
noncée à Musset. Nous aurons maintenant, jusqu'à
la fin de la tragédie, comme une légère odeur d'encre

1. Ces fragments ont été cités par M. Édouard Grenier
dans ses charmants Souvenirs littéraires (Revue bleue du
15 octobre 1892).

d'imprimerie. Il faut en prendre son parti ; c'est la
rançon des amours de gens de lettres, qu'on doit
acquitter même avec Musset, qui était aussi peu
auteur que possible.

Les lettres de Venise continuaient à jeter de l'huile
sur le feu. George Sand ne parvenait pas à cacher
que le souvenir de l'amour tumultueux et brûlant
d'autrefois lui rendait fade le bonheur présent. Elle
était reconnaissante à Pagello, qui l'entourait de
soins et d'attentions : « C'est, écrit-elle, un ange de
douceur, de bonté et de dévouement ». Mais la vie
avec lui était un peu terne, en comparaison : « Je
m'étais habituée à l'enthousiasme, et il me manque
quelquefois.... Ici, je ne suis pas Madame Sand ; le
brave Pietro n'a pas lu *Lélia*, et je crois qu'il n'y
comprendrait goutte.... Pour la première fois, j'aime
sans passion (12 mai). » Pagello n'est ni soupçonneux ni nerveux. Ce sont de grandes qualités ; et
pourtant ! « Eh bien, moi, j'ai besoin de souffrir
pour quelqu'un ; j'ai besoin d'employer ce trop
d'énergie et de sensibilité qui sont en moi. J'ai
besoin de nourrir cette maternelle sollicitude, qui
s'est habituée à veiller sur un être souffrant et
fatigué. Oh ! *pourquoi ne pourrais-je vivre entre
vous deux et vous rendre heureux* sans appartenir
ni à l'un ni à l'autre ? » Elle voudrait connaître la
future maîtresse de Musset ; elle lui apprendrait
à l'aimer et à le soigner. Mais cette maîtresse sera
peut-être jalouse ? « Ah ! du moins, moi, je puis
parler de toi à toute heure, sans jamais voir un

front rembruni, sans jamais entendre une parole amère. Ton souvenir, c'est une relique sacrée; ton nom est une parole solennelle que je prononce le soir dans le silence de la lagune.... » (2 juin.)

Pagello à Musset (15 juin) : « Cher Alfred, nous ne nous sommes pas encore écrit, peut-être parce que ni l'un ni l'autre ne voulait commencer. Mais cela n'ôte rien à cette affection mutuelle qui nous liera toujours de nœuds sublimes, et incompréhensibles aux autres... [1]. »

Des cris d'amour furent la réponse aux aveux voilés de l'infidèle. Dès le 10 mai, Musset lui écrit qu'il est perdu, que tout s'écroule autour de lui, qu'il passe des heures à pleurer, à baiser son portrait, à adresser à son fantôme des discours insensés. Paris lui semble une solitude affreuse; il veut le quitter et fuir jusqu'en Orient. Il s'accuse de nouveau de l'avoir méconnue, mal aimée; de nouveau il se traîne lui-même dans la boue et dresse un autel à la créature céleste, au grand génie, qui ont été son bien et qu'il a perdus par sa faute. C'est le moment où son âme enfiévrée s'ouvre à l'intelligence de Rousseau : « Je lis *Werther* et la *Nouvelle Héloïse*. Je dévore toutes ces folies sublimes, dont je me suis tant moqué. J'irai peut-être trop loin dans ce sens-là, comme dans l'autre. Qu'est-ce que ça me fait? J'irai toujours [2]. » Il a un besoin impérieux et terrible de

1. L'original est en italien.
2. Cité par Sainte-Beuve, *Causeries du Lundi*, XIII, 373.

lui entendre dire qu'elle est heureuse; c'est le seul adoucissement à son chagrin (15 juin).

George Sand à Musset (26 juin). Elle annonce l'intention de ramener Pagello avec elle et recommande à Musset de faire fi des commérages : « Ce qui pourrait me faire du mal, et ce qui ne peut pas arriver, ce serait de perdre ton affection. Ce qui me consolera de tous les maux possibles, c'est encore elle. Songe, mon enfant, que tu es dans ma vie à côté de mes enfants, et qu'il n'y a plus que deux ou trois grandes causes qui puissent m'abattre : leur mort ou ton indifférence. »

Musset à George Sand (10 juillet) : « .... Dites-moi, « monsieur, est-ce vrai que Mme Sand soit une femme « adorable ? » Telle est l'honnête question qu'une belle bête m'adressait l'autre jour. La chère créature ne l'a pas répétée moins de trois fois, pour voir si je varierais mes réponses. »

« Chante, mon brave coq, me disais-je tout bas, tu ne me feras pas renier, comme saint Pierre ! »

La venue de Pagello à Paris fut la grande maladresse qui gâta tout. Il y a de ces choses qui paraissent presque naturelles en gondole, entre poètes, et qui ne supportent pas le voyage. Le retour de Musset, seul et visiblement désemparé, avait déjà provoqué de méchants propos, qu'il s'était vainement efforcé d'arrêter. George Sand non plus n'avait pu faire taire ses amis. Elle leur disait : « C'est la seule

1. *Revue bleue*, 15 octobre 1892.

(passion) dont je ne me repente pas ». Mais les gens
voulaient savoir mieux qu'elle, comme toujours, et
les langues allaient leur train. Un grondement de
médisances s'élevait du boulevard de Gand et du
café de Paris. Il devint clameur à l'entrée en scène
du complice — bien innocent, le pauvre garçon —
du débordement de romantisme inspiré par la place
Saint-Marc et l'air fiévreux des lagunes. La situation
apparut dans toute son extravagance, et les trois
amis furent brutalement tirés de leur rêve par les
rires des badauds. Ils éprouvèrent un froissement
douloureux en se trouvant en face d'une réalité si
plate, presque dégradante.

George Sand et son compagnon sont à peine ar-
rivés (vers la mi-août), qu'une grande agitation s'empare d'eux tous. Chez Musset, c'est un réveil de
passion auquel la conscience de l'irréparable communique une immense tristesse. Il écrit à George Sand
qu'il a trop présumé de lui-même en osant la revoir,
et qu'il est perdu. Le seul parti qui lui reste est de
s'en aller bien loin, et il implore un dernier adieu
avant son départ. Qu'elle ne craigne rien ; il n'y a
plus en lui ni jalousie, ni amour-propre, ni orgueil
offensé ; il n'y a plus qu'un désespéré qui a perdu
l'unique amour de sa vie, et qui emporte l'amer
regret de l'avoir perdu inutilement, puisqu'il la
laisse malheureuse.

Elle dépérissait en effet de chagrin. Pagello s'était
éveillé, en changeant d'atmosphère, au ridicule de
sa situation : « Du moment qu'il a mis le pied en

France, écrit George Sand, il n'a plus rien compris. » Au lieu du saint enthousiasme de jadis, il·
n'éprouvait plus que de l'irritation quand ses deux
amis le prenaient pour témoin de la chasteté de leurs
baisers : « Le voilà qui redevient un être faible,
soupçonneux, injuste, faisant des querelles d'Alle-
mand et vous laissant tomber sur la tête ces pierres
qui brisent tout ». Dans son inquiétude, il ouvre les
lettres et clabaude indiscrètement.

George Sand contemplait avec horreur le nau-
frage de ses illusions. Elle avait cru que le monde
comprendrait qu'il ne fallait pas juger leur histoire
d'après les règles de la morale vulgaire. Mais le
monde ne peut pas admettre qu'il y ait des privilé-
giés ou, pour parler plus exactement, des dispensés
en morale. Elle lisait le blâme sur tous les visages,
et pour qui, grand Dieu! pour cet Italien insignifiant,
dont elle avait honte maintenant.

Il y avait six mois qu'ils étaient tous dans le faux,
travaillant à se tromper eux-mêmes et à transfigurer
une aventure banale. Ils allaient payer chèrement
leurs fautes.

George Sand consentit à dire un dernier adieu à
son ami; non sans peine; un instinct l'avertissait
que cela ne vaudrait rien pour personne. Le lendemain, Musset lui écrivit [1] : « Je t'envoie ce dernier adieu, ma bien-aimée, et je te l'envoie avec con-

---

1. Cette lettre a été publiée dans l'*Homme libre* du
14 avril 1877.

fiance, non sans douleur, mais sans désespoir. Les
angoisses cruelles, les luttes poignantes, les larmes
amères ont fait place en moi à une compagne bien
chère, la pâle et douce mélancolie. Ce matin, après
une nuit tranquille, je l'ai trouvée au chevet de mon
lit avec un doux sourire sur les lèvres. C'est l'amie
qui part avec moi. Elle porte au front ton dernier
baiser. Pourquoi craindrais-je de te le dire? N'a-t-il
pas été aussi chaste, aussi pur que ta belle âme?
O ma bien-aimée, tu ne me reprocheras jamais les
deux heures si tristes que nous avons passées. Tu
en garderas la mémoire. Elles ont versé sur ma
plaie un baume salutaire; tu ne te repentiras pas
d'avoir laissé à ton pauvre ami un souvenir qu'il
emportera et que toutes les peines et toutes les joies
futures trouveront comme un talisman sur son cœur
entre le monde et lui. Notre amitié est consacrée,
mon enfant. Elle a reçu hier, devant Dieu, le saint
baptême de nos larmes. Elle est invulnérable comme
lui. Je ne crains plus rien, n'espère plus rien; j'ai
fini sur la terre. Il ne m'était pas réservé d'avoir un
plus grand bonheur. »

Il sollicite ensuite la permission de continuer à lui
écrire; il supportera tout sans se plaindre, pourvu
qu'il la sache contente : « Sois heureuse, aie du
courage, de la patience, de la pitié, tâche de vaincre
ce juste orgueil, rétrécis ton cœur, mon grand
George; tu en as trop pour une poitrine humaine.
Mais si tu renonces à la vie, si tu te retrouves jamais
seule en face du malheur, rappelle-toi le serment

que tu m'as fait, ne meurs pas sans moi. Souviens-
toi que tu me l'as promis devant Dieu. Mais je ne
mourrai pas sans avoir fait un livre sur moi, sur toi
surtout. Non, ma belle fiancée, tu ne te coucheras
pas dans cette froide terre sans qu'elle sache qui
elle a porté. Non, non, j'en jure par ma jeunesse
et par mon génie, il ne poussera sur ta tombe que
des lys sans tache. J'y poserai de ces mains que
voilà ton épitaphe en marbre plus pur que les statues
de nos gloires d'un jour. La postérité répétera nos
noms comme ceux de ces amants immortels qui n'en
ont plus qu'un à eux deux, comme Roméo et Juliette,
comme Héloïse et Abailard. On ne parlera jamais de
l'un sans l'autre... Je terminerai ton histoire par un
hymne d'amour... » ....

Le calme de cette lettre était trompeur. Il part pour
Bade (vers le 25 août; il est passé à Strasbourg le
28), et ce sont aussitôt des explosions de passion,
des lettres brûlantes et folles. « (Baden, 1834,
1er septembre). Jamais homme n'a aimé comme je
t'aime; je suis perdu, vois-tu, je suis noyé, inondé
d'amour. » Il ne sait plus s'il vit, s'il mange, s'il
marche, s'il respire, s'il parle; il sait seulement
qu'il aime, qu'il n'en peut plus, qu'il en meurt, et
que c'est affreux de mourir d'amour, de sentir son
cœur se serrer jusqu'à cesser de battre, ses yeux
se troubler, ses genoux chanceler. Il ne peut ni
se taire, ni dire autre chose : « Je t'aime, ô ma
chair et mes os et mon sang. Je meurs d'amour,
d'un amour sans fin, sans nom, insensé, désespéré,

perdu. Tu es aimée, adorée, idolâtrée, jusqu'à mourir. Non, je ne guérirai pas, non, je n'essaierai pas de vivre, et j'aime mieux cela, et mourir en t'aimant vaut mieux que de vivre. Je me soucie bien de ce qu'ils disent! Ils diront que tu as un autre amant, je le sais bien. J'en meurs, mais j'aime, j'aime.... Qu'ils m'empêchent d'aimer! » Pourquoi se séparer? Qu'y a-t-il entre eux? Des phrases, des fantômes de devoirs. Qu'elle vienne le retrouver, ou qu'elle lui dise de venir.... Mais non; toujours ces phrases, ces prétendus devoirs.... Et elle le laisse mourir de la soif qu'il a d'elle!

Un peu plus loin, dans la même lettre, une réflexion très sage, mais tardive : « Il ne fallait pas nous revoir. Maintenant c'est fini. Je m'étais dit qu'il fallait prendre un autre amour, oublier le tien, avoir du courage. J'essayais, je le tentais du moins.... » A présent qu'il l'a revue, c'est impossible; il aime mieux sa souffrance que la vie [1].

En même temps qu'il s'éloigne de Paris, George Sand s'enfuit à Nohant comme affolée. Les lettres qu'elle adresse à ses amis sont des plaintes d'animal blessé. — A Gustave Papet : « Viens me voir, je suis dans une douleur affreuse. Viens me donner une éloquente poignée de main, mon pauvre ami. Ah! si je peux guérir, je payerai toutes mes dettes à l'amitié; car je l'ai négligée et elle ne m'a pas abandonnée. » — A Boucoiran : « Nohant,

---

1. *Revue bleue*, 15 octobre 1892.

31 août. Tous mes amis... sont venus me voir....
J'ai éprouvé un grand plaisir à me retrouver là.
C'était un adieu que je venais dire à mon pays et à
tous les souvenirs de ma jeunesse et de mon enfance,
car vous avez dû le comprendre et le deviner, ma vie
est odieuse, perdue, impossible, et je veux en finir
absolument avant peu.... J'aurai à causer longuement
avec vous et à vous charger de l'exécution de volon-
tés sacrées. Ne me sermonnez pas d'avance. Quand
nous aurons parlé ensemble une heure, quand je
vous aurai fait connaître l'état de mon cerveau et
de mon cœur, vous direz avec moi qu'il y a paresse
et lâcheté à essayer de vivre, depuis si longtemps
que je devrais en avoir fini déjà [1]. »

Et Pagello? On l'avait laissé tout seul à Paris, et il
était de fort méchante humeur. Il trouvait très mauvais qu'on l'eût emmené à deux cent cinquante
lieues pour lui faire jouer un aussi sot personnage.

George Sand à Musset (au crayon et sans date.
Elle écrit sur ses genoux, dans un petit bois) :
« Hélas! Hélas! Qu'est-ce que tout cela? Pourquoi
oublies-tu donc à chaque instant, et cette fois plus
que jamais, que ce sentiment devait se transformer,
et ne plus pouvoir, par sa nature, faire ombrage à
personne? Ah! tu m'aimes encore trop; il ne faut
plus nous voir. C'est de la passion que tu m'ex-
primes; mais ce n'est plus le saint enthousiasme de

---

1. On trouvera des détails curieux sur son état d'esprit
durant cette crise dans la 4e des *Lettres d'un Voyageur.*
La 1re a trait à la séparation de Venise.

tes bons moments. Ce n'est plus cette amitié pure
dont j'espérais voir s'en aller peu à peu les expressions trop vives.... » Elle lui expose l'état pénible
de ses relations avec Pagello : « Tout, de moi, le
blesse et l'irrite, et, faut-il te le dire? il part, il est
peut-être parti à l'heure qu'il est, et moi, je ne le
retiendrai pas, parce que je suis offensée jusqu'au
fond de l'âme de ce qu'il m'écrit, et que, je le sens
bien, il n'a plus la foi, par conséquent, il n'a plus
d'amour. Je le verrai s'il est encore à Paris; je vais
y retourner dans l'intention de le consoler; me justifier, non; le retenir, non.... Et pourtant, je l'aimais sincèrement et sérieusement, cet homme généreux, aussi romanesque que moi, et que je croyais
plus fort que moi. » ...

Ils continuèrent pendant tout le mois de septembre
à se dévorer le cœur et à se torturer mutuellement. Aucun des deux n'avait la force d'en finir.
Octobre les rapprocha, et ils se remirent à essayer
de croire, à s'efforcer d'avoir foi l'un dans l'autre
et dans la vertu purifiante de l'amour. Les jours
s'écoulèrent dans des alternatives harassantes. Musset, qui avait gardé de son passé moins d'illusions
que George Sand, sentait la nausée lui monter aux
lèvres au milieu de ses serments d'amour. Son dégoût se tournait en colère; et il accablait son amie
d'outrages. A peine l'avait-il quittée, que la réalité
s'effaçait de devant ses yeux; il n'apercevait plus
que la chimère enfantée par leurs imaginations enflammées. Il obtenait sa grâce à force de désespoir et

d'éloquence, et tous les deux recommençaient à
rouler leur rocher, qui retombait encore sur eux.

Le 13 octobre (1834), Musset remercie George
Sand, dans une lettre douce et triste, de consentir
à le revoir. Le 28, Pagello, qui n'était point fait
pour les tragédies et commençait à avoir peur, sans
savoir de quoi, annonce son départ à Alfred Tattet
en le conjurant « de ne jamais dire un mot de ses
amours avec la George. Je ne veux pas, ajoute-t-il,
de *vendette*. » — *George Sand à Musset* (sans date) :
« J'étais bien sûre que ces reproches-là vien-
draient dès le lendemain du bonheur rêvé et promis, et que tu me ferais un crime de ce que tu
avais accepté comme un droit. En sommes-nous
déjà là, mon Dieu! Eh bien, n'allons pas plus loin;
laisse-moi partir. Je le voulais hier; c'est un éternel
adieu résolu dans mon esprit. Rappelle-toi ton
désespoir et tout ce que tu m'as dit pour me faire
croire que je t'étais nécessaire, que sans moi tu
étais perdu. Et, encore une fois, j'ai été assez folle
pour vouloir te sauver. Mais tu es plus perdu qu'auparavant, puisque, à peine satisfait, c'est contre
moi que tu tournes ton désespoir et ta colère. Que
faire, mon Dieu? Qu'est-ce que tu veux à présent?
Qu'est-ce que tu me demandes? Des questions, des
soupçons, des récriminations, déjà, déjà! » Elle lui
rappelle le mal qu'il lui a déjà fait à Venise, les
choses offensantes ou navrantes qu'il lui a dites, et;
pour la première fois, son langage est amer. Elle
avait prévu ce qui arrive : « .... Ce passé qui

t'exaltait comme un beau poème, tant que je me
refusais à toi, et qui ne te paraît plus qu'un cauchemar à présent que tu me ressaisis comme une
proie... » : ce passé devait infailliblement le faire
souffrir. Il faut absolument se séparer; ils seraient
tous les deux trop malheureux : « Que nous reste-
t-il donc, mon Dieu, d'un lien qui nous avait semblé
si beau? Ni amour, ni amitié, mon Dieu! »

Une lettre de Musset, qui a l'air de s'être croisée
avec la précédente, accuse un trouble encore plus
grand. Il est consterné de ce qu'il a fait. Il n'y comprend rien; c'est un accès de folie. A peine avait-il
fait trois pas dans la rue que la raison lui est revenue, et il a failli tomber au souvenir de son in-
gratitude et de sa brutalité stupide. Il ne mérite
pas d'être pardonné, mais il est si malheureux
qu'elle aura pitié de lui. Elle lui imposera une pénitence, et lui laissera l'espoir, car sa raison ne résis-
terait pas à la pensée de la perdre. Il lui peint une
fois de plus son amour avec l'ardeur de passion qui
fait de ces lettres des *Nuits* en prose.

Elle se laisse fléchir et pardonne. Musset est ivre
de bonheur — ils se revoient — et George Sand
reprend la plume avec découragement : « Pourquoi
nous sommes-nous quittés si tristes? Nous verrons-
nous ce soir? Pouvons-nous nous aimer? Tu as dit
que oui et j'essaie de le croire. Mais il me semble
qu'il n'y a plus de suite dans tes idées, et qu'à la
moindre souffrance tu t'indignes contre moi comme
contre un joug. Hélas! mon enfant, nous nous ai-

mons, voilà la seule chose sûre qu'il y ait entre nous. Le temps et l'absence ne nous ont pas empêchés et ne nous empêcheront pas de nous aimer. Mais notre vie est-elle possible ensemble? » Elle lui propose de se séparer définitivement; ce serait le plus sage à tous les égards : « Je sens que je vais t'aimer encore comme autrefois, si je ne fuis pas. Je te tuerai peut-être, et moi avec toi. Pense-s-y bien. Je voulais te dire d'avance tout ce qu'il y avait à craindre entre nous. J'aurais dû te l'écrire et ne pas revenir. La fatalité m'a ramenée ici. Faut-il l'accuser ou la bénir? Il y a des heures, je te l'avoue, où l'effroi est plus fort que l'amour.... »

— Musset se lassa le premier. La rupture vint de lui. Le 12 novembre, il l'annonce à Alfred Tattet. Sainte-Beuve, qui était alors le confident de George Sand, est aussi informé officiellement. Tout devrait être fini, et cependant les orages passés ne sont rien, moins que rien, auprès de ceux qui s'apprêtent. On dirait un de ces châtiments impitoyables où les anciens reconnaissaient la main de la divinité, et l'on n'a plus que de la compassion pour ces malheureux qui se débattent dans l'angoisse avec des cris de douleur..

— George Sand était retournée à Nohant, et elle avait éprouvé tout d'abord un sentiment de délivrance et de repos. « Je ne vais pas mal; je me distrais et ne retournerai à Paris que guérie et fortifiée. J'ai lu votre billet à Duteil. Vous avez tort de parler comme vous faites d'Alf. N'en parlez pas du tout si vous m'aimez et soyez sûr que c'est fini à jamais entre lui et moi. » (15 nov., à Boucoiran.)

Ce n'est toutefois qu'une accalmie. Le ton de ses lettres change bien vite. A Musset : « Paris, mardi soir, 25 décembre 1834. — Je ne guéris pourtant pas,... je m'abandonne à mon désespoir. Il me ronge, il m'abat... Hélas ! il augmente tous les jours comme cette horreur de l'isolement, ces élans de mon cœur pour aller rejoindre ce cœur qui m'était ouvert! Et si je courais, quand l'amour me prend trop fort? Si j'allais casser le cordon de sa sonnette jusqu'à ce qu'il m'ouvrît sa porte? Si je m'y couchais en travers jusqu'à ce qu'il passe? — Si je me jetais — non pas à ses pieds, c'est fou, après tout, car c'est l'implorer, et, certes, il fait pour moi ce qu'il peut; il est cruel de l'obséder et de lui demander l'impossible ; — mais si je me jetais à son cou, dans ses bras, si je lui disais : « Tu m'aimes encore, tu en « souffres, tu en rougis, mais tu me plains trop pour « ne pas m'aimer.... » Quand tu sentiras ta sensibilité se lasser et ton irritation revenir, renvoie-moi, maltraite-moi, mais que ce ne soit jamais avec cet affreux mot : dernière fois ! Je souffrirai tant que tu voudras, mais laisse-moi quelquefois, ne fût-ce qu'une fois par semaine, venir chercher une larme, un baiser qui me fasse vivre et me donne du courage. — Mais tu ne peux pas. Ah! que tu es las de moi, et que tu t'es vite guéri aussi, toi! Hélas, mon Dieu, j'ai eu de plus grands torts certainement que tu n'en eus, à Venise... »

A son tour de s'accuser et d'implorer son pardon.
Son orgueil est brisé. Elle prend un amer plaisir à se
ravaler, à justifier les pires insultes de Musset. Mais
est-ce que la leçon n'a pas été assez dure? n'est-elle
pas assez punie? « Vendredi... : J'appelle en vain
la colère à mon secours. J'aime, j'en mourrai, ou
Dieu fera un miracle pour moi. Il me donnera l'am-
bition littéraire ou la dévotion.... Minuit. Je ne peux
pas travailler. O l'isolement, l'isolement! je ne peux
ni écrire, ni prier,... je veux me tuer; qui donc a le
droit de m'en empêcher? O mes pauvres enfants,
que votre mère est malheureuse! — Samedi, minuit... : Insensé, tu me quittes dans le plus beau
moment de ma vie, dans le jour le plus vrai, le plus
passionné, le plus saignant de mon amour! N'est-ce
rien que d'avoir maté l'orgueil d'une femme et de
l'avoir jetée à ses pieds? N'est-ce rien que de savoir
qu'elle en meurt?... Tourment de ma vie! Amour
funeste! je donnerais tout ce que j'ai vécu pour un
seul jour de ton effusion. Mais jamais, jamais! C'est
trop affreux. Je ne peux pas croire cela. Je vais y
aller. J'y vais. — Non. — Crier, hurler, mais il ne
faut pas y aller, Sainte-Beuve ne veut pas. »

Son exaltation en arrive au délire. Les fameuses
lettres de la *Religieuse portugaise* sont tièdes et
calmes auprès de quelques-unes de ces pages, qui
peuvent compter parmi les plus ardentes que l'amour
ait jamais arrachées à une femme. Elle se traîne à
ses pieds, mendiant des coups faute de mieux :
« J'aimerais mieux des coups que rien », et entre-

mêlant ses supplications de reproches à Dieu, qui l'a abandonnée dans cette circonstance et à qui elle propose un marché : « Ah ! rendez-moi mon amant, et je serai dévote, et mes genoux useront le pavé des églises ! »

Elle ne s'en tenait pas aux paroles. Elle coupa ses magnifiques cheveux et les envoya à Musset. Elle venait pleurer à sa porte ou sur son escalier. Elle errait comme une âme en peine, les yeux cernés, le désespoir sur la figure.

Musset l'aimait toujours. Il ne put résister. — *Billet de George Sand à Tattet* (14 janvier 1835) : « Alfred est redevenu mon amant ».

Les semaines qui suivirent furent affreuses, et nous en épargnerons au lecteur le récit pénible et monotone. On s'étonne qu'ils aient pu y résister et ne pas devenir fous. Ils s'obstinaient à ne pas accepter le passé, *leur* passé impur et ineffaçable, et à poursuivre le fantôme d'une affection sublime et sacrée. Plus que jamais, les souvenirs et les soupçons empoisonnaient chacune de leurs joies, et des querelles hideuses couronnaient leurs ivresses.

Un jour enfin, George Sand déclare qu'elle n'en peut plus, et qu'elle est décidément incapable de le rendre heureux : « O Dieu, ô Dieu, continue-t-elle, je te fais des reproches, à toi qui souffres tant ! Pardonne-moi, mon ange, mon bien-aimé, mon infortuné. Je souffre tant moi-même.... Et toi, tu veux exciter et fouetter la douleur. N'en as-tu pas assez comme cela ? Moi, je ne crois pas qu'il y ait

quelque chose de pis que ce que j'éprouve.... Adieu,
adieu. Je ne veux pas te quitter, je ne veux pas te
reprendre.... Je ne t'aime plus, mais je t'adore toujours.... Reste, pars, seulement ne dis pas que je ne
souffre pas. Il n'y a que cela qui puisse me faire
souffrir davantage. Mon seul amour, ma vie, mes
entrailles, mon sang, allez-vous-en, mais tuez-moi
en partant. » Musset aussi n'en pouvait plus. Il lui
avait écrit qu'il faisait ses paquets. Comme il ne se
décidait pas à partir et que la tempête d'amour et de
colère faisait toujours rage ; comme, de plus, une
femme qui a été quittée est disposée à prendre les
devants pour ne pas l'être une seconde fois,
George Sand complota une sorte d'évasion pour le
7 mars 1835 et alla se réfugier à Nohant.

George Sand à Boucoiran (Nohant, 14 mars 1835) :
« Mon ami, vous avez tort de me parler d'Alf.
Ce n'est pas le moment de m'en dire du mal....
Mépriser est beaucoup plus pénible que regretter.
Au reste ni l'un ni l'autre ne m'arrivera. Je ne puis
regretter la vie orageuse et misérable que je quitte ;
je ne puis mépriser un homme que, sous le rapport
de l'honneur, je connais aussi bien.... Je vous avais
prié seulement de me parler de sa santé et de l'effet
que lui ferait mon départ. Vous me dites qu'il se
porte bien et qu'il n'a montré aucun chagrin. C'est
tout ce que je désirais savoir et c'est ce que je puis
apprendre de plus heureux. Tout mon désir était
de le quitter sans le faire souffrir. S'il en est ainsi,
Dieu soit loué ! »

Au premier moment, ils furent tous les deux soulagés, et cela se conçoit. George Sand eut une crise de foie, après quoi elle en vint très vite à l'indifférence. Musset se crut aussi guéri (*Lettre à Tattet*, 21 juillet 1835), mais il se trompait ; quelque chose s'était brisé en lui, laissant une plaie incurable.

D'aucun côté — cette remarque est essentielle pour la connaissance de leurs caractères, — d'aucun côté il n'y a trace, au début de la rupture, de l'abîme de rancune et d'irritation que les mauvais services de leur entourage allaient creuser entre eux, et à leurs dépens. Ils s'écrivent encore de loin en loin, pour un renseignement, une personne à recommander, et persistent à se défendre l'un l'autre contre les médisances. La *Confession d'un Enfant du siècle*, où Musset, ainsi qu'on l'a vu, dresse un autel à son amie, a paru en 1836, et George Sand écrivait à cette occasion : « Je sens toujours pour lui, je vous l'avouerai bien, une profonde tendresse de mère au fond du cœur. Il m'est impossible d'entendre dire du mal de lui sans colère... » (*A Mme d'Agoult*, 25 mai 1836.) Deux ans plus tard, les *Nuits* ont paru. Les amis n'ont pas cessé d'exciter les ressentiments. On sent l'approche des hostilités. *George Sand à Musset* : « Paris, 19 avril 1838 : Mon cher Alfred (*un premier paragraphe a trait à une personne qu'il lui avait recommandée*),... je n'ai pas bien compris le reste de ta lettre. Je ne sais pourquoi tu me demandes si nous sommes amis ou ennemis. Il me semble que tu es venu me voir l'autre hiver,

et que nous avons eu six heures d'intimité frater-
nelle après lesquelles il ne faudrait jamais se mettre
à douter l'un de l'autre, fût-on dix ans sans se voir
et sans s'écrire, à moins qu'on ne voulût aussi
douter de sa propre sincérité; et, en vérité, il m'est
impossible d'imaginer comment et pourquoi nous
nous tromperions l'un l'autre à présent. »

En 1840, ils échangent plusieurs lettres pour
décider ce qu'ils feront de leur correspondance [1].
Leur dernière rencontre eut lieu en 1848.

Nous empruntons la conclusion de leur histoire à
George Sand : « Paix et pardon », disait-elle dans
sa vieillesse à Sainte-Beuve, un jour qu'ils avaient
remué les cendres de ce terrible passé. Qu'il en soit
ainsi. Paix et pardon à ces malheureuses victimes de
l'amour romantique, non point, comme le voulait
George Sand, parce qu'ils avaient beaucoup aimé,
mais parce qu'ils avaient beaucoup souffert.

---

1. Celle-ci a fini par rester aux mains de George Sand.
Après la mort de Musset, elle songea à la publier, mais
Sainte-Beuve la détourna de son projet (1861).

CHAPITRE V

« LES NUITS »

La vie reprit son cours. « Je crus d'abord, dit Musset dans le *Poète déchu* [1], n'éprouver ni regret ni douleur de mon abandon. Je m'éloignai fièrement ; mais à peine eus-je regardé autour de moi que je vis un désert. Je fus saisi d'une souffrance inattendue. Il me semblait que toutes mes pensées tombaient comme des feuilles sèches, tandis que je ne sais quel sentiment inconnu horriblement triste et tendre s'éle-vait dans mon âme. Dès que je vis que je ne pouvais lutter, je m'abandonnai à la douleur en désespéré. » Peu à peu, les larmes tarirent. « Devenu plus tran-quille, je jetai les yeux sur tout ce que j'avais quitté. Au premier livre qui me tomba sous la main, je m'aperçus que tout avait changé. Rien du passé n'existait plus, ou, du moins, rien ne se ressemblait.

1. Écrit en 1839. Quelques fragments en ont été cités par Paul de Musset dans sa *Biographie*.

Un vieux tableau, une tragédie que je savais par cœur, une romance cent fois rebattue, un entretien avec un ami me surprenaient; je n'y retrouvais plus le sens accoutumé. »

Les objets familiers qui l'entouraient le choquaient. Sa bibliothèque de jeune homme l'importunait. « Je commençai, comme le curé de Cervantès, par purger ma bibliothèque et mettre mes idoles au grenier. J'avais dans ma chambre quantité de lithographies dont la meilleure me sembla hideuse. Je ne montai pas si haut pour m'en délivrer, et je me contentai de les jeter au feu. Quand mes sacrifices furent faits, je comptai ce qui me restait. Ce ne fut pas long; mais le peu que j'avais conservé m'inspira un certain respect. Ma bibliothèque vide me faisait peine; j'en achetai une autre, large à peu près de trois pieds et qui n'avait que trois rayons. J'y rangeai lentement et avec réflexion un petit nombre de volumes; quant à mes cadres, ils demeurèrent vides longtemps; ce ne fut qu'au bout de six mois que je parvins à les remplir à mon goût; j'y plaçai de vieilles gravures d'après Raphaël et Michel-Ange. »

Les gravures représentaient des Madones, des sujets de sainteté, une scène de guerre. La liste des livres qu'il avait admis dans sa bibliothèque neuve est intéressante. C'était Sophocle, le Plutarque d'Amyot, Aristophane et Horace; Rabelais, Montaigne, Régnier, les classiques du XVIIᵉ siècle et André Chénier; Shakespeare, Goethe, Byron, Boccace et les quatre grands poètes italiens. Sauf Ché-

nier, pas un seul écrivain du XVIIIᵉ siècle; pas
plus Voltaire ou Rousseau que Crébillon fils ou
Duclos.

Cela fait, Musset reprit la plume. Il n'avait presque
pas écrit de vers depuis *Rolla*, qui avait été publié
le 15 août 1833, au début de sa liaison avec George
Sand, et dont nous n'avons pu encore parler, sous
peine d'interrompre le récit du drame. Il nous faut
donc revenir un instant en arrière, car *Rolla* ne peut
être passé sous silence. Aucun des poèmes de Musset n'a plus contribué à lui conquérir la jeunesse.
Les défauts mêmes qu'on y pourrait relever n'y ont
pas nui; ainsi l'accent déclamatoire de certains passages, car la jeunesse est naturellement et sincèrement déclamatoire. Sainte-Beuve raconte que des
étudiants en droit, en médecine, savaient le poème
par cœur lorsqu'il n'avait encore paru que dans une
revue, et le récitaient aux nouveaux arrivants. Et
depuis, les véritables admirateurs de Musset ont
toujours eu une tendresse particulière pour *Rolla*.
Taine en parle comme du « plus passionné des
poèmes » où un « cœur meurtri » a ramassé « toutes
les magnificences de la nature et de l'histoire pour
les faire jaillir en gerbe étincelante et reluire sous le
plus ardent soleil de poésie qui fut jamais ».

A tant d'éloquence, à tant d'émotion, on eût pu
deviner qu'une crise morale était proche, et que la
passion *cherchait* l'auteur de l'*Andalouse*. Avec quelle
soudaineté la crise a éclaté, avec quelle violence impitoyable la passion s'est abattue sur lui, nous

venons de le voir. Pendant deux ans il n'écrivit plus, en vers du moins.

Durant ce long silence, le poète et l'homme s'étaient transformés. L'homme mûri par la douleur n'avait presque plus rien du bel adolescent qui avait séduit et charmé les poètes du Cénacle, de l'apparition juvénile et rayonnante dont Sainte-Beuve avait conservé un si vif et éblouissant souvenir. « Il y a vingt-neuf ans de cela, écrivait Sainte-Beuve en 1857, au lendemain de la mort de Musset ; je le vois encore faire son entrée dans le monde littéraire, d'abord dans le cercle intime de Victor Hugo, puis dans celui d'Alfred de Vigny, des frères Deschamps. Quel début ! quelle bonne grâce aisée ! et dès les premiers vers qu'il récitait, son *Andalouse*, son *Don Paez*, et sa *Juana*, que de surprise et quel ravissement il excitait alentour ! C'était le printemps même, tout un printemps de poésie qui éclatait à nos yeux. Il n'avait pas dix-huit ans : le front mâle et fier, la joue en fleur et qui gardait encore les roses de l'enfance, la narine enflée du souffle du désir, il s'avançait le talon sonnant et l'œil au ciel, comme assuré de sa conquête et tout plein de l'orgueil de la vie. Nul, au premier aspect, ne donnait mieux l'idée du génie adolescent. »

Au jeune triomphateur si merveilleusement évoqué par Sainte-Beuve avait succédé un homme froid et hautain, qui ne se livrait qu'à bon escient. L'amie dévouée qu'il appelait sa *marraine*, Mme Jaubert, lui reprochait en vain ses airs farouches et dédaigneux.

Il en convenait avec empressement, ainsi qu'il faisait toujours de ce qu'on trouvait de mal en lui ou dans ses œuvres : « Tout le monde, lui répondait-il, est d'accord du désagrément de mon abord dans un salon. Non seulement j'en suis d'accord avec tout le monde, mais ce désagrément m'est plus désagréable qu'à personne. D'où vient-il ? de deux causes premières : orgueil, timidité.... On ne change pas sa nature, il faut donc composer avec elle. » Il promettait à la *marraine* de prendre sur soi d'être poli, mais il se défendait de donner la moindre parcelle de son cœur, fût-ce à l'amitié, fût-ce aux sympathies légères et fugitives qui font l'ordinaire attrait des relations mondaines. Était-ce sécheresse d'âme ? Était-ce souvenir de ce qu'il en pouvait coûter, et peur instinctive de la souffrance ? « Je me suis regardé, poursuit-il, et je me suis demandé si, sous cet extérieur raide, grognon, et impertinent, peu sympathique, quoi qu'en dise la belle petite Milanaise, si là-dessous, dis-je, il n'y avait pas primitivement quelque chose de passionné et d'exalté à la manière de Rousseau [1]. » Cela n'est point douteux. Il y avait eu du Saint-Preux en lui ; il y en eut toujours, sans quoi nous n'aurions pas les *Nuits*, qui n'ont assurément pas été écrites par Mardoche, ou par l'Octave des *Caprices*.

---

1. 1837 ? — *Souvenirs de Mme C. Jaubert.* Les lettres de Musset citées dans ce volume ont été non seulement tronquées, mais parfois remaniées ; des fragments empruntés à des lettres de dates différentes ont été réunis pour en faire une seule.

Sauf deux pièces d'importance secondaire (*Une bonne fortune, Lucie*), les premiers vers qu'il écrivit après le voyage d'Italie furent la *Nuit de Mai* (*Revue des Deux Mondes*, 15 juin 1835). Les trois autres *Nuits*, la *Lettre à Lamartine*, les *Stances à la Malibran*, se succédèrent à brefs intervalles. En 1838, le 15 février, l'*Espoir en Dieu* vient clore la série. Le grand poète ne se réveillera plus qu'un jour, trois ans après, pour écrire son admirable *Souvenir* (15 février 1841). Les meilleures de ses nouvelles et les chefs-d'œuvre de son théâtre sont déjà achevés à cette date de 1838. Il avait alors vingt-sept ans. Après les promesses d'un incomparable printemps, après les rapides floraisons d'un trop court été, Alfred de Musset, on le sait, n'eut point d'automne ni d'hiver. Son œuvre entière tient dans l'espace de dix années, sur lesquelles trois ou quatre ont été consacrées à réfléchir, à hésiter, à aimer et à s'en consoler.

Dans les poésies de cette seconde période, Musset n'est plus romantique, si l'on ne considère que la forme. Non content d'abandonner les conquêtes du Cénacle, il se retourne à présent contre ses anciens alliés. Il est agressif, malicieux ; il écrit la célèbre *lettre* de Dupuis et Cotonet sur l'*Abus qu'on fait des adjectifs* (*Revue des Deux Mondes*, 15 sept. 1836), où deux bons bourgeois de la Ferté-sous-Jouarre, ayant entrepris de comprendre « ce que c'était que le romantisme », découvrent que c'est une manière d'attrape-nigaud, fabriqué avec du vieux-neuf pris à Shakespeare, à Byron, à Aristophane, aux Évangiles,

aux Allemands et aux Espagnols, le tout si adroitement recollé et redoré, que les badauds bayent aux
corneilles devant l'étalage, sans s'apercevoir que les
étiquettes n'ont aucun sens et que personne n'a jamais
su et ne saura jamais ce que peut bien être l'art social
ou l'art humanitaire. Musset refuse aux romantiques
jusqu'à l'invention du vers brisé, et il ajoute, l'ingrat : « Le vers brisé, d'ailleurs, est horrible ; il faut
dire plus, il est impie ; c'est un sacrilège envers les
dieux, une offense à la Muse ». Il leur laisse en tout
et pour tout, en fait de « découverte » et de « trou-
vaille », la gloire de dire *stupéfié* au lieu de *stupé-
fait*, ou *blandices* au lieu de *flatteries* ; encore est-ce
de très mauvaise grâce, et visiblement à regret ; si
Musset avait mieux lu Chateaubriand, où le mot se
trouve déjà, il se serait empressé de leur retirer
aussi *blandices*.

Victor Hugo et ses amis furent vengés de *Dupuis
et Cotonet* par Musset lui-même. Il avait pu se dépê-
trer des formules de la jeune école ; il n'en avait pas
moins le romantisme dans les moelles. L'âme des
temps nouveaux était en lui, et il ne dépendait pas de
sa volonté de la chasser, car le mouvement de 1830
avait apporté autre chose, de bien plus important et
plus tenace, qu'une forme littéraire. Ainsi que l'a
dit excellemment M. Brunetière [1], ce qu'il y avait de
plus original, de propre et de particulier dans le
romantisme, c'était une « combinaison de la liberté

1. *Les Epoques du théâtre français.*

7

ou de la souveraineté de l'imagination avec l'expan-
sion de la personnalité du poète ». En d'autres
termes, à s'en tenir à l'essence des choses, « le romantisme, c'est le lyrisme », et la définition a l'air
d'avoir été inspirée par Musset, tant elle s'applique
exactement à lui. Il avait toujours eu le goût « de se
mettre lui-même, de sa personne, dans son œuvre ».

Ce goût devint un besoin impérieux après sa
grande passion. Il ne resta plus au poète de pensées ni de paroles pour autre chose que son malheur.
Que lui importait le reste, à présent? Il n'avait pas
trop de tout son génie pour raconter les épouvantes
de la catastrophe qui était venue scinder sa vie en
deux, obligeant à dire « le Musset d'avant l'Italie » et
« le Musset d'après George Sand ». Au recul vers la
forme classique correspondit un débordement de
romantisme dans le sentiment.

La *Nuit de mai* fut écrite en deux nuits et un jour,
au printemps de 1835, quelques semaines après la
rupture définitive avec George Sand. Elle respire
une lassitude profonde. Il n'y a pas de colère dans
les réponses du poète à la Muse qui l'invite à
chanter le printemps, l'amour, la gloire, le bonheur
ou ses semblants, le plaisir ou son ombre. C'est la
douceur plaintive d'un malade accablé par son mal,
et qui supplie qu'on ne le force pas à parler :

> Je ne chante ni l'espérance,
> Ni la gloire, ni le bonheur,
> Hélas! pas même la souffrance.
> La bouche garde le silence
> Pour écouter parler le cœur.

La Muse le presse. A défaut d'autre thème, qu'il chante sa douleur :

> Les plus désespérés sont les chants les plus beaux,
> Et j'en sais d'immortels qui sont de purs sanglots.
> Lorsque le pélican. . .. .

La suite est dans toutes les mémoires. La Muse le convie à servir son cœur au festin divin, comme le pélican partage ses entrailles à ses fils, mais il lui répond par un cri d'horreur :

> O Muse ! spectre insatiable,
> Ne m'en demande pas si long.
> L'homme n'écrit rien sur le sable
> A l'heure où passe l'aquilon.
> J'ai vu le temps où ma jeunesse
> Sur mes lèvres était sans cesse
> Prête à chanter comme un oiseau ;
> Mais j'ai souffert un dur martyre,
> Et le moins que j'en pourrais dire,
> Si je l'essayais sur ma lyre,
> La briserait comme un roseau.

On a vu au chapitre précédent les causes profondes de son abattement. Il avait fait des efforts stériles pour se purifier de ses anciennes souillures au feu d'une passion qui était elle-même une violation de la règle morale, et à ses chagrins d'amour s'ajoutait le sentiment accablant d'avoir commis une erreur capitale, au jour solennel où l'homme choisit l'idéal qui sera sa raison d'exister. A l'exemple des héros romantiques, il avait demandé à la passion le point d'appui de sa vie morale, et l'appui s'était brisé, le laissant meurtri et épuisé.

La *Nuit de mai* parut le 15 juin dans la *Revue des*

Deux Mondes, où Musset a publié presque tout ce qui est sorti de sa plume depuis *Namouna*. Six mois après, vint la *Nuit de décembre*. Le poète s'était interrompu pour l'écrire de la *Confession d'un Enfant du siècle*, qui, dans ses deux derniers tiers — on ne l'a pas oublié, — est une véritable confession, dont la sincérité émut George Sand jusqu'aux larmes. Il ne changea pas de sujet en écrivant la seconde des *Nuits*, quoi qu'en ait dit Paul de Musset, dont c'est ici le lieu d'expliquer les confusions volontaires. Il avait deux raisons d'altérer la vérité : sa haine contre George Sand, qui l'animait à « diminuer sa part », selon l'expression de quelqu'un qui l'a bien connu ; et le désir légitime d'égarer le lecteur, dans la mêlée de femmes du monde compromises par son frère. La *Nuit de décembre* faisait la part trop belle à l'héroïne, pour qu'un justicier de cette âpreté pût se résoudre à la laisser à George Sand. Il faut pourtant la lui rendre, sur la foi d'un témoignage qui est pour moi irrécusable.

La première partie de la pièce est un tissu mystérieux de rêves. Le poète se voit lui-même, fantôme aussitôt évanoui, tel que l'a laissé chaque étape du pèlerinage de la vie. La vision paraît et disparaît, comme les songes intermittents des mauvais sommeils. Elle est toujours la même, et toujours diverse ; ainsi l'homme réel se modifie et se renouvelle incessamment.

Soudain, le ton change. Le poète raconte en phrases haletantes la cruelle séparation, et qu'il

avait eu les torts, et que sa maîtresse n'a pas voulu
pardonner :

> Partez, partez, et dans ce cœur de glace
>   Emportez l'orgueil satisfait.
> Je sens encor le mien jeune et vivace,
> Et bien des maux pourront y trouver place
>   Sur le mal que vous m'avez fait.
> Partez, partez! la Nature immortelle
>   N'a pas tout voulu vous donner.
> Ah! pauvre enfant, qui voulez être belle,
>   Et ne savez pas pardonner!

On voudrait pouvoir retrancher l'épilogue de la *Solitude*, qui est gauche, froid, et n'explique rien.

La *Nuit de décembre* prendra une vie extraordinaire le jour où l'on pourra imprimer à la suite, en
guise de commentaire, deux lettres de Musset reçues
par George Sand l'hiver précédent. L'une, sur une
querelle injuste qu'il lui a faite, et sur sa terreur
folle qu'elle refuse de pardonner. L'autre, écrite au
crayon et dans un extrême désordre d'esprit, sur des
visions, qu'il vient d'avoir, d'un monde fantastique
où leurs deux spectres prenaient des formes étranges
et avaient des conversations de rêve. Musset s'était
souvenu tout le temps, en écrivant la *Nuit de décembre*. Ce qu'on a pris pour une pure fantaisie, dans
cette pièce merveilleuse, repose sur un fond de réalité.

Les contemporains se sont accordés à reconnaître
une nouvelle influence féminine dans la *Lettre à Lamartine* (1er mars 1836), malgré le début du fameux
récit :

> Tel, lorsque abandonné d'une infidèle amante,
> *Pour la première fois j'ai connu la douleur....*

Ces deux vers, et quelques autres, semblent indiquer qu'il y a eu mélange, et comme confusion, dans les regrets de Musset, pendant qu'il écrivait la *Lettre à Lamartine*. Quoi qu'il en soit, la pièce est d'une veine poétique moins pure, moins égale, que les *Nuits*. A côté de morceaux devenus classiques (*Lorsque le laboureur,... Créature d'un jour...*), de vers qui sont de vrais sanglots (*O mon unique amour...*), il y a des parties de rhétorique dans le début sur Byron et dans les louanges adressées à Lamartine.

La fin est d'un vif intérêt pour le biographe. C'est là première fois, depuis les chagrins qui l'ont changé et mûri, que Musset nous livre sa pensée sur les questions fondamentales dont la solution est la grande affaire de l'être pensant. Il commence par adopter sans examen le Dieu de Lamartine, ce qui est peut-être une simplification un peu trop grande :

> Quel qu'il soit, c'est le mien; il n'est pas deux croyances.
> Je ne sais pas son nom, j'ai regardé les cieux;
> Je sais qu'ils sont à lui, je sais qu'ils sont immenses,
> Et que l'immensité ne peut pas être à deux.

Il célèbre ensuite les relations de l'âme humaine avec l'infini, dans des strophes d'une grande élévation. Le poète a été récompensé d'avoir puisé cette fois son inspiration aux sources éternelles, que ne trouble pas le limon des passions terrestres :

> Créature d'un jour qui t'agites une heure,
> De quoi viens-tu te plaindre et qui te fait gémir?
> Ton âme t'inquiète, et tu crois qu'elle pleure :
> Ton âme est immortelle et tes pleurs vont tarir.
> . . . .

Ton corps est abattu du mal de ta pensée ;
Tu sens ton front peser et tes genoux fléchir.
Tombe, agenouille-toi, créature insensée :
Ton âme est immortelle, et la mort va venir.

Tes os dans le cercueil vont tomber en poussière ;
Ta mémoire, ton nom, ta gloire vont périr,
Mais non pas ton amour, si ton amour t'est chère :
Ton âme est immortelle, et va s'en souvenir.

En rapprochant de cette page le fragment de vers où se résume l'*Espoir en Dieu* (15 février 1838) : « malgré moi l'infini me tourmente », on a toute la religion de Musset, du Musset guéri, selon son expression, de la « vilaine maladie du doute ». Sa religion n'est, à vrai dire, qu'une religiosité peu exigeante, pas assez gênante. Il en a précisé la nature et les limites dans une lettre à la duchesse de Castries (sept. ou oct. 1840) : « La croyance en Dieu est innée en moi ; le dogme et la pratique me sont impossibles, mais je ne veux me défendre de rien ; certainement je ne suis pas *mûr* sous ce rapport ».

La conclusion de la *Lettre à Lamartine* avait été une parenthèse dans les préoccupations de Musset. Combien vite fermée, la *Nuit d'août* (15 août 1836) est là pour l'attester. Musset n'a rien écrit de plus impie, en ce sens que nulle part il n'a exalté l' « idolâtrie de la créature » à un tel degré, et avec autant d'éloquence, ne laissant qu'elle pour horizon à l'humanité avilie, ne voyant qu'elle pour fin de l' « immortelle nature ». Quel hymne à Éros ! Quelle puissante évocation du dieu impassible qui marche dans notre sang et se rit de nos larmes ! Il grandit démc-

surément au fur et à mesure de ces accents enflam-
més ; il remplit l'univers de sa divinité et souffle au
poète des vers sacrilèges :

> O Muse ! que m'importe ou la mort ou la vie ?
> J'aime, et je veux pâlir ; j'aime, et je veux souffrir ;
> J'aime, *et pour un baiser je donne mon génie ;*
> J'aime, et je veux sentir sur ma joue amaigrie
> Ruisseler une source impossible à tarir.
>
> J'aime, *et je veux chanter la joie et la paresse,*
> Ma folle expérience et mes soucis d'un jour,
> Et je veux raconter et répéter sans cesse
> Qu'après avoir juré de vivre sans maîtresse,
> *J'ai fait serment de vivre et de mourir d'amour.*
>
> Dépouille devant tous l'orgueil qui te dévore,
> Cœur gonflé d'amertume et qui t'es cru fermé.
> Aime, et tu renaîtras ; fais-toi fleur pour éclore ;
> Après avoir souffert, il faut souffrir encore ;
> Il faut aimer sans cesse, après avoir aimé.

Le voilà de nouveau parmi ceux dont parle Bossuet,
« qui passent leur vie à remplir l'univers des folies
de leur jeunesse égarée ». Le châtiment ne se fit pas
attendre. Le souvenir de George Sand rentra en
maître dans ce cœur ravagé, dont il n'avait jamais
été bien éloigné. Qu'il ait eu d'autres maîtresses ne
prouve rien. Ce n'est certainement pas le même
amour que Musset avait donné à une George Sand,
qu'il a distribué ensuite, comme il aurait fait d'un
cornet de dragées, à une longue théorie de belles
dames et de grisettes.

Ce retour vers le passé produisit la *Nuit d'octobre*
(15 octobre 1837), la dernière de la série et la plus
belle, qui éclate et s'apaise comme un orage apporté
par les vents, et balayé soudain.

D'abord, un mouvement lent, donnant une impression de paix et de sérénité. Le poète assure la Muse
qu'il est si bien guéri, qu'il trouve de la douceur à
lui parler de ses anciennes souffrances :

> Vous saurez tout, et je vais vous conter
> Le mal que peut faire une femme.

Il commence avec assez de calme le récit de la
nuit passée à attendre l'infidèle. L'approche de la
tempête s'annonce bientôt par des vers frémissants,
mais le poète se contient encore. L'ouragan se
déchaîne subitement :

> Tout à coup, au détour de l'étroite ruelle,
> J'entends sur le gravier marcher à petit bruit....
> Grand Dieu! préservez-moi! je l'aperçois, c'est elle;
> Elle entre. — D'où viens-tu? qu'as-tu fait cette nuit?
> Réponds, que me veux-tu? qui t'amène à cette heure?

Le mouvement se précipite et devient furieux. Les
efforts de la Muse pour apaiser son enfant ne
servent qu'à faire éclater la foudre :

LE POÈTE.

> Honte à toi qui la première
> M'as appris la trahison,
> Et d'horreur et de colère
> M'as fait perdre la raison.
> Honte à toi, femme à l'œil sombre,
> Dont les funestes amours
> Ont enseveli dans l'ombre
> Mon printemps et mes beaux jours!

Longtemps encore les malédictions retentissent.
Enfin il consent à écouter la Muse lui parlant de

pardon et lui enseignant à bénir les leçons amères
de la douleur. Il se calme, et se rend, et pardonne
d'un cœur tout gonflé d'amertume :

> Je te bannis de ma mémoire,
> Reste d'un amour insensé,
> Mystérieuse et sombre histoire
> Qui dormiras dans le passé !
>
> . . . .
>
> Pardonnons-nous ; — je romps le charme
> Qui nous unissait devant Dieu.
> Avec une dernière larme
> Reçois un éternel adieu.

Le vrai pardon se fit encore attendre trois ans. Au
mois de septembre 1840, Musset se rendait chez Ber-
ryer, au château d'Augerville. Il traversa la forêt de
Fontainebleau en voiture, dans une muette contem-
plation des fantômes qui se dressaient devant lui
à chaque tour de roue. Sept ans s'étaient écoulés
depuis qu'il avait parcouru ces bois avec George
Sand, dans la jeune ferveur de leurs amours; et la
vue des lieux témoins de son bonheur versait dans
son âme une douceur inattendue. De retour à Paris,
il la rencontra elle-même, son inoubliable, dans le
couloir des Italiens. En rentrant chez lui, il prit la
plume, et écrivit, presque d'un jet, cet incomparable
Souvenir (15 février 1841) tout imprégné du respect
dû aux « reliques du cœur » et tout plein de l'idée
qu'un sentiment vaut par sa sincérité et son inten-
sité, indépendamment des joies ou des souffrances
qu'il procure. Diderot avait dit : « Le premier serment que se firent deux êtres de chair, ce fut au

pied d'un rocher qui tombait en poussière; ils attestèrent de leur constance un ciel qui n'est pas un instant le même; tout passait en eux et autour d'eux, et ils croyaient leurs cœurs affranchis de vicissitudes. O enfants! toujours enfants! » Musset répond à Diderot :

Oui, les premiers baisers, oui, les premiers serments
Que deux êtres mortels échangèrent sur terre,
Ce fut au pied d'un arbre effeuillé par les vents
    Sur un roc en poussière.

Ils prirent à témoin de leur joie éphémère
Un ciel toujours voilé qui change à tout moment,
Et des astres sans nom que leur propre lumière
    Dévore incessamment.

Tout mourait autour d'eux, l'oiseau dans le feuillage,
La fleur entre leurs mains, l'insecte sous leurs pieds,
La source desséchée où vacillait l'image
    De leurs traits oubliés.

Et sur tous ces débris joignant leurs mains d'argile,
Étourdis des éclairs d'un instant de plaisir,
Ils croyaient échapper à cet Être immobile
    Qui regarde mourir!

Insensés! dit le sage. — Heureux! dit le poète.
Et quels tristes amours as-tu donc dans le cœur,
Si le bruit du torrent te trouble et t'inquiète,
    Si le vent te fait peur?

. . . .

La foudre maintenant peut tomber sur ma tête,
Jamais ce souvenir ne peut m'être arraché;
Comme le matelot brisé par la tempête,
    Je m'y tiens attaché.

Je ne veux rien savoir, ni si les champs fleurissent,
Ni ce qu'il adviendra du simulacre humain,
Ni si ces vastes cieux éclaireront demain
    Ce qu'ils ensevelissent.

Je me dis seulement : A cette heure, en ce lieu,
Un jour, je fus aimé, j'aimais, elle était belle.
J'enfouis ce trésor dans mon âme immortelle,
          Et je l'emporte à Dieu !

Les pièces que nous venons de passer en revue sont
inséparables. Elles forment l'épilogue du drame
romantique de Venise et de Paris. C'est la portion
originale entre toutes de l'œuvre en vers de Musset,
réserve faite pour le *don Juan* de *Namouna* et
quelques morceaux des premiers recueils. Le Musset
première manière avait subi le joug de la mode pour
le rythme, le style, le décor, le choix des sujets.
Il avait, en un mot, reçu du dehors une part de
son inspiration. Dans le groupe de poèmes que
dominent les *Nuits*, plus rien n'est donné aux
influences étrangères. Ainsi que l'a dit Sainte-Beuve,
« c'est du dedans que jaillit l'inspiration, la flamme
qui colore, le souffle qui embaume la nature ». Le
poète est tout entier à lui-même et au spectacle de
l'univers, et « son charme consiste dans le mélange,
dans l'alliance des deux sources d'impressions, c'est-
à-dire d'une douleur si profonde et d'une âme si
ouverte encore aux impressions vives. Ce poète
blessé au cœur, et qui crie avec de si vrais sanglots,
a des retours de jeunesse et comme des ivresses de
printemps. Il se retrouve plus sensible qu'auparavant aux innombrables beautés de l'univers, à la
verdure, aux fleurs, aux rayons du matin, aux chants
des oiseaux, et il porte aussi frais qu'à quinze ans
son bouquet de muguet et d'églantine. » Musset

affranchi, devenu tout à fait lui-même, a été unique
dans notre poésie lyrique.

Des petits poèmes qui remplissent les deux autres
tiers des *Poésies nouvelles*, aucun, tant s'en faut,
ne s'élève aux mêmes hauteurs. Quelques-uns (*Sur
une morte, Tristesse*) ont de l'émotion. D'autres
(*Chanson de Fortunio, A Ninon*) sont de minuscules
chefs-d'œuvre de grâce et de sentiment. D'autres,
plus petits encore et point chefs-d'œuvre, ont pourtant un certain tour, à la façon du xviiie siècle. Il y
a enfin les babioles, les marivaudages, les riens
insignifiants, et il y a *Dupont et Durand* (15 juillet
1838), si remarquable par la frappe du vers, et qu'il
faut comparer aux *Plaideurs* et aux vers réalistes de
Boileau pour bien comprendre dans quel sens et
quelle mesure Musset avait les instincts classiques.
Dans ce pêle-mêle, très peu de pièces nous appor-
tent du neuf ou de l'essentiel; on pourrait négliger
presque tout sans commettre une trahison envers
l'auteur.

Si maintenant nous revenons en arrière et que
nous nous demandions quel rang occupent dans
l'ensemble de son œuvre les *Contes d'Espagne et
d'Italie* et le *Spectacle dans un fauteuil*, nous ne
devons pas hésiter à reconnaître que ce rang est
inférieur à celui des *Poésies nouvelles*. Musset
n'avait pas encore pris conscience de lui-même et
de son génie propre. Il subissait l'influence des
romantiques, et il était au fond le moins romantique
des hommes. Il avait beau les dépasser tous en

audace, on sent dans ses hardiesses quelque chose
d'artificiel. Un historien attentif de la versification
française, M. de Souza, parlant de la renaissance du
vers lyrique dans notre siècle, ne tient aucun compte
des premières œuvres de Musset. Elles n'ont pas
plus d'importance à ses yeux que l'*Albertus* de Théophile Gautier : « C'étaient, dit-il, des poésies de
jeunesse et de bravade pour ainsi dire où s'affir-
maient toutes les outrances du premier feu et que
les poètes eux-mêmes, par des œuvres ultérieures,
ont remis au dernier plan [1]. » Ce jugement est bien
sévère et bien absolu. M. de Souza ne s'occupe que
de la technique du vers, et les *Premières Poésies*
valent encore par ailleurs. La fraîcheur du génie
est chose sans prix, que rien ne remplace, et elle
rayonne ici splendidement. C'est une fête pour l'esprit de voir cette heureuse jeunesse, aux mains
pleines et prodigues, lancer à la volée les images
heureuses, les trouvailles d'une imagination neuve,
les idées folles et charmantes ou les sensations
enflammées de la vingtième année. Gardons-nous de
faire fi de ce régal, tout en reconnaissant qu'il faut
chercher dans le volume suivant les vrais procédés
techniques de Musset, qui lui attirent aujourd'hui de
si dures critiques, et le font traiter de mauvais ouvrier.

Il est un point sur lequel il a voulu et provoqué
les attaques. On offenserait son ombre en essayant de
nier que ses rimes sont faibles et quelquefois pis. Il

---

1. *Le Rythme poétique.*

tenait à les faire pauvres, s'y appliquait, et il y a
réussi. Sainte-Beuve le blâmait très justement d'avoir
« dérimée » après coup la ballade *Andalouse*. Il lui
reprochait aussi de se vanter trop souvent au public
de l'avantage de mal rimer : (Les vers) « de Musset
(*Après une lecture*), avec tout leur esprit, ont une sorte
de prétention et de fatuité dont son talent pourrait se
passer. C'est toujours de la réaction contre la rime
et les rimeurs, contre la poésie lyrique et haute
dont, après tout, il est sorti. C'est un petit travers.
Il est assez original sans cela. Mais dès l'abord il a
voulu avoir sa cocarde à lui, et il a retourné la
nôtre. » (*Lettre à Guttinguer*, le 2 décembre 1842.)
La nôtre, c'est la cocarde de l'école de la forme, que
Musset craignait toujours de ne pas avoir mise assez
ostensiblement à l'envers. Il aurait été désolé s'il
avait pu lire le passage où M. Faguet, après avoir
rendu justice à la pauvreté de ses rimes, se hâte
d'ajouter : « Mais reconnaissons enfin qu'on n'y songe
point en le lisant »: Pauvre Musset, qui a perdu ses
peines en faisant rimer *lévrier* et *griser*, *saule* et *espa-
gnole*, *Danaé* et *tombé* !

On lui reproche aussi ses rythmes classiques, ses
césures régulières, ses négligences et sa facilité à
se contenter. En d'autres termes, on lui reproche
de n'être ni un précurseur ni un poète sans tache,
et les deux sont vrais. Au moins serait-il juste de
ne pas méconnaître qu'il a tiré un magnifique parti
des ressources techniques auxquelles il s'était volon-
tairement limité.

Il est incontestable qu'après les *Contes d'Espagne et d'Italie*, il n'a guère profité des nouvelles formules romantiques pour varier ses alexandrins. Le Musset seconde manière, celui qui se disait *réformé*, et que Sainte-Beuve appelait un *relâché*, admet encore de loin en loin la coupe ternaire, qui substitue deux césures mobiles au grand repos de l'hémistiche, et dont il existait quelques exemples chez nos anciens poètes. Il écrit dans *Suzon* :

. . . . L'autre, tout au contraire,

. . . .
Toujours rose, toujours charmant, continua
D'épanouir à l'air sa desinvoltura.

Dans l'épître *Sur la Paresse*, en s'adressant à Régnier :

Et quel plaisir de voir, sans masque ni lisières,
A travers le chaos de nos folles misères,
Courir en souriant tes beaux vers ingénus,
Tantôt légers, tantôt boiteux, toujours pieds nus!

Le dernier vers est délicieux de légèreté et de vivacité, mais la coupe ternaire a peu d'importance chez Musset, à cause de sa rareté. C'est à des éléments rythmiques plus délicats, moins facilement saisissables, qu'il a recours pour nuancer et varier la phrase musicale de son vers. Il est un maître pour la distribution, à l'intérieur des hémistiches, des syllabes accentuées des mots, et des mots qui portent l'accent oratoire. A quel point l'accent oratoire bien placé peut allonger un vers, en voici un exemple :

Est-ce bien toi, *grande* âme immortellement triste?

Il n'a ignoré aucun des effets infiniment divers produits par l'entrelacement des syllabes sourdes et des syllabes éclatantes, des syllabes pleines et des syllabes muettes. Il avait, en particulier, très bien observé de quel prix sont ces dernières, l'un des trésors de notre langue poétique, pour ralentir la marche du vers en prolongeant la syllabe qui les précède, comme dans les deux vers souvent cités de *Phèdre* :

> Ariane, ma sœur, de quel amour blessée
> Vous mourûtes aux bords où vous fûtes laissée.

De Musset :

> Si ce n'est pas ta mère, ô *pâle jeune fille !*
> . . . .
> Quels *mystères* profonds dans l'*humaine* misère !
> . . . .
> *Lentement, doucement*, à côté de Marie.

L'instinct lui révélait les relations mystérieuses qui existent entre la sonorité des mots employés et l'image qu'on veut évoquer, puissance indépendante de la valeur de l'idée exprimée et à laquelle le large mouvement de l'alexandrin est au plus haut degré favorable. Bien habile qui pourrait expliquer pourquoi les vers suivants sont agiles et dansants :

> Cependant du plaisir la frileuse saison
> *Sous ses grelots légers rit et voltige encore.*
> . . . .
> Et, ratissant gaiement l'or qui scintille aux yeux,
> *Ils jardinent ainsi sur un rhythme joyeux.*

Enfin, les scrupules, justes ou faux, qui empêchaient Musset de disloquer ses alexandrins, ne s'opposaient

nullement au mélange des mètres, et il en a tiré à
maintes reprises le plus heureux parti, en particulier
dans la *Nuit d'octobre*. La pièce est à relire tout entière, une fois de plus, à ce point de vue spécial.

La plupart des procédés techniques peuvent s'imiter et se transmettre. Théodore de Banville donne
dans son traité de versification des recettes grâce
auxquelles, assure-t-il, le premier imbécile venu
peut faire de très bons vers. Mais le choix des mots,
et la valeur inattendue, la résonance particulière
qu'ils prennent sous la plume de tel ou tel poète,
tout cela ne s'imite ni ne s'enseigne, car ce ne sont
pas des choses dont le poète décide librement : elles
lui sont imposées ; elles sont déterminées d'avance
par le caractère même de sa vision poétique. Ainsi,
chez Théophile Gautier, l'épithète est presque toujours purement matérielle, n'exprimant que la forme
ou la couleur. Il en est souvent de même chez Victor
Hugo ; mais souvent aussi l'épithète y est symbo-
lique, traduisant beaucoup moins l'aspect réel des
choses que ce qu'elles évoquent en nous d'idées,
d'impressions, d'images étrangères et lointaines.
L'épithète de Musset peint à la fois l'apparence
extérieure de l'objet et sa signification poétique. Il
semble que pour lui, il y ait concordance nécessaire
entre l'essence des choses et leur forme sensible.
C'est peut-être une erreur métaphysique, mais que
deviendrait la poésie sans cette illusion? On peut
juger de ce qu'elle vaut par les vers où Musset a
rendu avec grandeur, au moyen de deux adjectifs,

les splendeurs des nuits d'été et les émotions qu'elles
éveillent au plus profond des âmes :

> Les tièdes voluptés des nuits mélancoliques
> Sortaient autour de nous du calice des fleurs.

Dans la strophe qu'on va lire, les deux épithètes
des deux derniers vers ne nous aident pas seulement
à voir la petite vierge adorable; elles nous ouvrent
son âme innocente :

> S'il venait à passer, sous ces grands marronniers,
> Quelque alerte beauté de l'école flamande,
> Une ronde fillette échappée à Téniers,
> Ou quelque ange pensif de candeur allemande :
> Une vierge en or fin d'un livre de légende,
> Dans un flot de velours traînant ses petits pieds.

Les curieux de sensations rares apprendront peut-
être avec intérêt que Musset possédait l'audition
colorée, dont personne ne parlait alors et dont la
psychologie contemporaine s'occupe tant. Il raconte
à Mme Jaubert dans une de ses lettres (*inédite*) qu'il
a été très fâché, dînant avec sa famille, d'être obligé
de soutenir une discussion pour prouver que le *fa*
était jaune, le *sol* rouge, une voix de soprano *blonde*,
une voix de contralto *brune*. Il croyait que ces
choses-là allaient sans dire.

Continuons à remonter vers la source même de
l'inspiration chez Musset. Elle n'est pas cachée, et
nous n'avions pas besoin, pour la découvrir, qu'il
fit dire à sa Muse :

> De ton cœur ou de toi lequel est le poète?
> C'est ton cœur. . . . .

Une sensibilité redoutable lui fournissait l'étincelle sacrée. Il lui devait une sincérité qu'il n'aurait
pas pu contenir, s'il l'avait voulu, et une éloquence
frémissante qui savait plaindre d'autres souffrances
que les siennes ; souvenez-vous de l'*Espoir en Dieu* :

> Ta pitié dut être profonde
> Lorsque avec ses biens et ses maux
> Cet admirable et pauvre monde
> Sortit en pleurant du chaos !

Mais il lui a payé une terrible rançon. Parce qu'il
sentait avec une violence douloureuse, il a tout rapporté à la sensation, et donné le plaisir pour but à
la vie. Chaque fois qu'une âme noble, pure de vul-
garité et de bassesse, est tombée dans cette erreur,
elle est arrivée à une incurable mélancolie, si ce
n'est à une désespérance complète. Musset n'a pas
échappé à cette fatalité. Avec un esprit très gai, il
avait l'âme saignante et désolée ; association moins
rare qu'on ne pense. Ses poésies divinisent la sensation, mais il avait senti dès le premier jour la
« saveur amère » du plaisir :

Surgit amari aliquid medio de fonte leporum.

C'est pourquoi la lecture de son œuvre poétique
laisse triste. La saveur amère finit par dominer
toutes les autres.

CHAPITRE VI

ŒUVRES EN PROSE. — LE THÉATRE

Musset a débuté au théâtre par une chute écla-
tante. Après le tapage de ses premiers vers, l'Odéon
lui demanda une pièce, « la plus neuve et la plus
hardie possible ». Il fit la bluette appelée *la Nuit
vénitienne*, qui aurait passé inaperçue dans un temps
de paix littéraire, et qui tomba sous les .sifflets, le
1ᵉʳ décembre 1830. Cet échec eut les plus heureuses
conséquences.

L'auteur piqué déclara qu'il n'écrirait plus pour
la scène et tint parole. Il se trouva ainsi dégagé du
souci de suivre la mode, qui donne aux pièces de
théâtre un éclat factice et passager, et le leur fait
payer par des rides précoces. Il n'eut plus à se
préoccuper que des éléments supérieurs et im-
muables de l'art, les âmes et leurs passions, les
lois de la vie et leurs fatalités. Négligeant les chan-
geantes conventions théâtrales, dédaigneux des in-

constantes formules, filles de l'heure et du caprice,
il écrivit les pièces les moins périssables de ce
siècle. Ayant renoncé à faire du théâtre pour son
temps, Musset a fait du théâtre pour tous les temps.

Qu'on ne s'imagine pas que ses œuvres dramatiques auraient été à peu près les mêmes, s'il avait
eu l'espoir de les voir jouer. Il n'est pas douteux
que s'il avait continué à écrire pour la scène, après
sa rupture avec le Cénacle, son théâtre aurait
accompli la même évolution que sa poésie, dans le
même sens classique. Musset « déhugotisé » avait
eu les yeux très ouverts sur les défauts du drame
romantique. Tout en croyant à sa vitalité, il pensait
qu'il y avait place à côté pour une forme d'art plus
sévère : « Ne serait-ce pas une belle chose, écrivait-
il en 1838, que d'essayer si, de nos jours, la vraie
tragédie pourrait réussir? J'appelle vraie tragédie,
non celle de Racine, mais celle de Sophocle, dans
toute sa simplicité, avec la stricte observation des
règles. »

« ... Ne serait-ce pas une entreprise hardie, mais
louable, que de purger la scène de ces vains discours, de ces madrigaux philosophiques, de ces
lamentations amoureuses, de ces étalages de fadaises
qui encombrent nos planches?...

« Ne serait-ce pas une grande nouveauté que de
réveiller la muse grecque, d'oser la présenter aux
Français dans sa féroce grandeur, dans son atrocité
sublime?...

« Ne serait-il pas curieux de voir aux prises avec

le drame moderne, qui se croit souvent terrible
quand il n'est que ridicule, cette muse farouche,
inexorable, telle qu'elle était aux beaux jours d'Athènes, quand les vases d'airain tremblaient à sa voix ? »

Ce n'était point là propos en l'air. Musset a travaillé une fois pour la scène depuis la chute de la
Nuit vénitienne. Rachel lui avait demandé une pièce.
Il entreprit sans balancer une tragédie classique, et
songea d'abord à refaire l'*Alceste* d'Euripide. Ce
projet ayant été remis à plus tard, il se rabattit
sur un sujet mérovingien. Une brouille avec Rachel
interrompit pour toujours la *Servante du roi* (1839),
mais il en subsiste quelques scènes, qui ne font pas
regretter bien vivement la perte des autres ; elles
•n'annonçaient qu'une tragédie distinguée, et il est
de bien peu d'importance pour la littérature française que nous ayons une tragédie distinguée de
plus ou de moins, tandis qu'il est très important
que nous ayons *Lorenzaccio* et *On ne badine pas avec
l'amour*.

Je dois ajouter que Musset fut au nombre des
chauds admirateurs de la *Lucrèce* de Ponsard. Il
écrivait à son frère, le 22 mai 1843 : « M. Ponsard,
jeune auteur arrivé de province, a fait jouer à
l'Odéon une tragédie de *Lucrèce*, très belle — malgré les acteurs. — C'est le lion du jour ; on ne
parle que de lui, et c'est justice. »

Bénis soient donc les sifflets qui accueillirent si
brutalement la *Nuit vénitienne*. Ne s'inquiétant plus
désormais d'être jouable, Musset ne s'est plus mis

en peine que de saisir ses rêves au vol et de les
fixer tels quels sur le papier. Nous devons à cet
affranchissement de toute règle un rêve historique
qui est la seule pièce shakespearienne de notre
théâtre, et une demi-douzaine d'adorables songeries
sur l'amour dans lesquelles « la mélancolie, disait
Théophile Gautier, cause avec la gaieté ».

L'idée de *Lorenzaccio* germa dans l'esprit de
Musset durant les heures rapides passées à Florence avec George Sand, tout à la fin de 1833. La
noble cité avait encore la farouche ceinture de murailles crénelées dont l'avait entourée au xive siècle
le gouvernement républicain, et qu'on a démolie de
nos jours pour élargir la capitale éphémère du jeune
royaume italien. Elle avait conservé dans toute son
âpreté cet aspect sombre et dur qui contraste si
étrangement avec les lignes pures et souples de ses
riantes collines, et qui en fait le plus étonnant
exemple de ce que peut le génie de l'homme pour
s'affranchir de la tyrannie de la nature. Les quartiers
populaires, que de larges percées n'avaient pas
encore ouverts à la lumière, enchevêtraient leurs
rues étroites et tortueuses, favorables à l'émeute et
aux guets-apens, autour des palais-forteresses des
Strozzi et des Riccardi. La ville tout entière, pour
qui sait comprendre ce que racontent les pierres,
servait d'illustration et de commentaire aux vieilles
chroniques florentines. Musset profita de la leçon,
et trouva en feuilletant ces chroniques le sujet de son
drame : le meurtre d'Alexandre de Médicis, tyran de

Florence, par son cousin Lorenzo, et l'inutilité de ce meurtre pour les libertés de la ville. Quelques flâneries dans Florence donnèrent le cadre. Un singulier mélange d'intuitions historiques et de souvenirs personnels fit le reste. Paul de Musset dit, dans *Lui et Elle*, que la pièce fut écrite en Italie. Il faut donc que ce soit à Venise, en janvier 1834, dans les trois ou quatre semaines qui s'écoulèrent entre l'arrivée d'Alfred de Musset et sa maladie.

L'action de *Lorenzaccio* met sous nos yeux une révolution manquée, avec tout ce qu'elle comporte d'intrigues et de violences, dans l'Italie brillante et pourrie du XVIe siècle. Au travers de ces agitations, que Musset a peintes avec beaucoup de couleur, une sombre tragédie se déroule dans une âme éperdue, qu'elle remplit d'horreur et de désespoir. C'est encore une fois l'histoire de l'irréparable dégradation de l'homme touché par la débauche :

La mer y passerait sans laver la souillure.

Lorenzo de Médicis est un républicain de 1830, idéaliste et utopiste. Il croit à la vertu, au progrès, à la grandeur humaine, au pouvoir magique des mots. Il avait vingt ans quand il vit passer le démon tentateur des rêveurs de sa sorte : « C'est un démon plus beau que Gabriel : la liberté, la patrie, le bonheur des hommes, tous ces mots résonnent à son approche comme les cordes d'une lyre, c'est le bruit des écailles d'argent de ses ailes flamboyantes. Les larmes de ses yeux fécondent la terre, et il tient

à la main la palme des martyrs. Ses paroles épurent
l'air autour de ses lèvres; son vol est si rapide que
nul ne peut dire où il va. Prends-y garde! une fois,
dans ma vie, je l'ai vu traverser les cieux. J'étais
courbé sur mes livres; le toucher de sa main a fait
frémir mes cheveux comme une plume légère. »
Depuis que cette radieuse apparition a traversé le
cabinet d'études où Lorenzo s'occupait paisiblement
d'art et de science, le jeune étudiant a renoncé à
son lâche repos. Il s'est juré de tuer les tyrans par
philanthropie, un peu aussi par orgueil, et il a commencé à vivre avec cette idée : « Il faut que je sois
un Brutus ».

Un débauché cruel, Alexandre de Médicis, règne
sur Florence accablée. Lorenzo contrefait ses vices
pour gagner sa confiance, s'insinuer auprès de lui
et l'assassiner. Il se ravale à être le directeur de ses
honteux plaisirs, le complice de ses forfaits, un objet
de honte et d'opprobre auquel sa mère ne peut
penser sans larmes et que le peuple appelle par
mépris Lorenzaccio. L'heure sonne enfin de jeter le
masque. Le duc Alexandre va périr et Florence être
libre. Près de frapper, le nouveau Brutus s'aperçoit
avec épouvante que nul ne souille impunément son
âme. C'est le crime irrémissible pour lequel il n'est
pas d'expiation et qui suit l'homme jusqu'à la tombe.
Lorenzo avait revêtu un déguisement qu'il croyait
pouvoir rejeter à son gré; la débauche l'a saisi et
gangrené jusqu'aux moelles, et il ne lui échappera
plus : « Je me suis fait à mon métier, dit-il amère-

ment. Le vice a été pour moi un vêtement; maintenant, il est collé à ma peau. Je suis vraiment un ruffian, et quand je plaisante sur mes pareils, je me sens sérieux comme la mort au milieu de ma gaieté. »

Il a perdu la foi avec la vertu. Son séjour dans la grande confrérie du vice en a fait un mépriseur d'hommes, qui ne croit même plus à la cause pour laquelle il a donné plus que sa vie. Il va affranchir sa patrie, offrir aux républicains l'occasion de rétablir la liberté, et il sait que leur égoïste indifférence n'en profitera pas, il sait que le peuple délivré d'Alexandre se jettera dans les bras d'un autre tyran. Cependant il tuera le duc, parce que le dessein de ce meurtre est le dernier reste du temps où il était « pur comme un lis », et que le sang du tyran lavera son ignominie. La scène où il explique à Philippe Strozzi qu'il faut, pour son honneur, qu'il commette un crime inutile, est d'une rare grandeur.

PHILIPPE.

« Mais pourquoi tueras-tu le duc, si tu as des idées pareilles ?

LORENZO.

« Pourquoi ? tu le demandes ?

PHILIPPE.

« Si tu crois que c'est un meurtre inutile à ta patrie, comment le commets-tu ?

LORENZO.

« Tu me demandes cela en face ? Regarde-moi un peu. J'ai été beau, tranquille et vertueux.

PHILIPPE.

« Quel abîme! quel abîme tu m'ouvres!

LORENZO.

« Tu me demandes pourquoi je tue Alexandre?
Veux-tu donc que je m'empoisonne, ou que je saute
dans l'Arno? veux-tu donc que je sois un spectre, et
qu'en frappant sur ce squelette (*il frappe sa poitrine*),
il n'en sorte aucun son? Si je suis l'ombre de moi-
même, veux-tu donc que je m'arrache le seul fil qui
rattache aujourd'hui mon cœur à quelques fibres de
mon cœur d'autrefois! Songes-tu que ce meurtre,
c'est tout ce qui me reste de ma vertu? Songes-tu
que je glisse depuis deux ans sur un mur taillé à pic,
et que ce meurtre est le seul brin d'herbe où j'aie pu
cramponner mes ongles? Crois-tu donc que je n'aie
plus d'orgueil, parce que je n'ai plus de honte? et
veux-tu que je laisse mourir en silence l'énigme de
ma vie? Oui, cela est certain, si je pouvais revenir à
la vertu, si mon apprentissage de vice pouvait s'éva-
nouir, j'épargnerais peut-être ce conducteur de bœufs.
Mais j'aime le vin, le jeu et les filles; comprends-tu
cela? Si tu honores en moi quelque chose, toi qui
me parles, c'est mon meurtre que tu honores, peut-
être justement parce que tu ne le ferais pas. Voilà
assez longtemps, vois-tu, que les républicains me cou-
vrent de boue et d'infamie; voilà assez longtemps que
les oreilles me tintent, et que l'exécration des hommes
empoisonne le pain que je mâche; j'en ai assez de
me voir conspué par des lâches sans nom, qui m'ac-

cablent d'injures pour se dispenser de m'assommer comme ils le devraient. J'en ai assez d'entendre brailler en plein vent le bavardage humain; il faut que le monde sache un peu qui je suis, et qui il est. Dieu merci, c'est peut-être demain que je tue Alexandre.... »

Le meurtre accompli, il goûte quelques minutes d'un bonheur ineffable.

LORENZO, *s'asseyant sur la fenêtre.*

« Que la nuit est belle! que l'air du ciel est pur! Respire, respire, cœur navré de joie!

SCORONCONCOLO.

« Viens, maître, nous en avons trop fait; sauvons-nous.

LORENZO.

« Que le vent du soir est doux et embaumé! comme les fleurs des prairies s'entr'ouvrent! O nature magnifique! ô éternel repos!

SCORONCONCOLO.

« Le vent va glacer sur votre visage la sueur qui en découle. Venez, seigneur.

LORENZO.

« Ah! Dieu de bonté! quel moment! »

C'est l'hosanna de la créature délivrée du mal. Courte est l'illusion, courte la joie. Tandis que Florence se donne à un autre Médicis, Lorenzo sent que, décidément, le vice ne le lâchera plus, et il va

s'offrir aux coups des assassins à gages qui le cherchent.

Nous avions déjà vu l'ébauche de ce personnage si
dramatique dans la *Coupe et les Lèvres*; mais les
causes de la misère de Frank étaient restées à demi
voilées, tandis que cette fois, l'avertissement est aussi
clair qu'il est grave et douloureux. Musset avait des-
cendu de quelques pas, dans sa jeunesse imprudente
et libertine, les bords de l'abîme où a roulé Lorenzaccio, et il tenait à dire à ses contemporains qu'on
ne peut plus remonter cette pente-là.

Il y a dans son drame deux autres personnages
pour lesquels il n'a eu aussi qu'à faire appel à des
souvenirs, moins intimes toutefois. Son orfèvre et
son marchand de soieries sont des boutiquiers parisiens du temps de Louis-Philippe. L'orfèvre devait
être abonné au *National* et avoir le portrait d'Armand
Carrel dans son arrière-boutique. Le marchand de
soieries est monarchiste par raison d'inventaire,
parce que les cours font marcher les commerces de
luxe. L'un critique tout ce que fait le gouvernement
et le rend responsable des clients qui ne paient pas;
l'autre se frotte les mains quand il y a bal aux Tuileries.

LE MARCHAND, *en ouvrant sa boutique.*

« J'avoue que ces fêtes-là me font plaisir, à moi.
On est dans son lit bien tranquille, avec un coin de
ses rideaux retroussé; on regarde de temps en temps
les lumières qui vont et viennent dans le palais; on

attrape un petit air de danse sans rien payer, et on
se dit : Hé, hé, ce sont mes étoffes qui dansent, mes
belles étoffes du bon Dieu, sur le cher corps de tous
ces braves et loyaux seigneurs.

L'ORFÈVRE, *ouvrant aussi sa boutique.*

« Il en danse plus d'une qui n'est pas payée,
voisin ; ce sont celles-là qu'on arrose de vin et
qu'on frotte aux murailles avec le moins de regret.... »

Ils continuent à discuter en enlevant leurs vo-
lets.

« Que Dieu conserve Son Altesse! conclut le marchand à l'instant de rentrer. La cour est une belle
chose.

— La cour! riposte l'orfèvre du seuil de sa boutique ; le peuple la porte sur le dos, voyez-vous ! »

Ces bonnes gens-là n'avaient vu de leur vie l'Arno
ni le Ponte-Vecchio. Ils habitaient rue du Bac, au
coin du quai, et ils ont été les fournisseurs de nos
grand'mères.

Le reste du théâtre de Musset a pour sujet presque
unique, mais infiniment divers, l'amour. L'amour
chez la jeune fille, chez la femme, chez la coquette,
chez l'épouse chrétienne; l'amour chez Alfred de
Musset à différents âges : adolescent candide ou homme
blasé, et dans toutes ses humeurs : joyeux ou mélancolique, ironique ou passionné. Car il s'est mis dans
tous ses amoureux, n'étant jamais las de dire sa
pensée sur la chose du monde qu'il estimait la plus

divine. « Les idées de Musset sur l'amour, a dit
M. Jules Lemaître, rejoignent, à travers les siècles,
celles des poètes primitifs. L'amour est le premier-
né des dieux. Il est la Force qui meut l'Univers. Ce
n'est point, dit Valentin à Cécile, l'éternelle pensée
qui fait graviter les sphères, mais l'éternel amour.
Ces mondes vivent parce qu'ils se cherchent, et les
soleils tomberaient en poussière, si l'un d'eux cessait
d'aimer. « Ah! dit Cécile, toute la vie est là! —
Oui, répondit Valentin, toute la vie... » L'amour
ainsi compris s'élève au rang de mystère sacré. Paga-
nisme si l'on veut, mais grand et poétique.

La comédie du *Chandelier* doit venir la première
dans une biographie de Musset, bien qu'elle n'ait été
écrite qu'en 1835. Elle le met en scène à l'heure charmante et périlleuse où le collégien devenait homme
et se réveillait poète. L'aventure de Fortunio, moins
le dénouement, lui est arrivée en 1828, pendant l'été
passé à Auteuil. Jacqueline habitait aux environs de
Paris. Pour le bonheur de la contempler, de jouer
avec son éventail ou de lui apporter un coussin,
Musset traversait sans cesse la plaine Saint-Denis,
et il n'existait alors ni chemins de fer ni tramways.
Mais il avait dix-sept ans, l'âge héroïque de l'amour,
et il était romantique.

Il a donné à Fortunio sa figure et sa tournure.
« Un petit blond, dit la servante de Jacqueline. —
Oui-da, réplique sa maîtresse, je le vois maintenant.
Il n'est pas mal tourné, ma foi, avec ses cheveux sur
l'oreille et son petit air innocent.... Et il fait la

cour aux grisettes, ce monsieur-là avec ses yeux bleus ?[1] »

Il est permis de croire qu'il avait aussi, à cet âge-là, le cœur timide et passionné de son héros, qu'il était comme lui — plus ou moins — un ange de candeur et un petit monstre d'effronterie ; et s'il s'exhale du rôle un délicieux parfum de poésie, cela encore ne va point contre une certaine ressemblance. Quoi qu'il en soit, le personnage est bien joli. C'est un Chérubin attendri et touché de mélancolie. Combien il est différent du petit polisson de Beaumarchais, qui court après toutes les jupes avec des airs délurés ! Quel contraste avec nos Chérubins de la fin du XIX\ siècle, à l'âme sèche et prudente ! La déclaration de Fortunio, troisième clerc de notaire, à sa jolie patronne n'a pas pu vieillir de forme, étant irréprochablement simple. Par le fond, elle appartient à une race disparue d'adolescents au cœur jeune, qui ne craignaient pas de laisser trembler une larme au bord de leur paupière. Nos rhétoriciens se moqueraient de son éloquence naïve ; ils sont mieux instruits des arguments qui touchent une petite bourgeoise scélérate.

JACQUELINE.

« Vous nous avez chanté, à table, une jolie chanson, tout à l'heure. Pour qui est-ce donc qu'elle était faite ? Me la voulez-vous donner par écrit ?

1. Toutes nos citations du *Théâtre* sont conformes à la 1re édition (1840), antérieure aux remaniéments faits en vue de la scène.

FORTUNIO.

« Elle est faite pour vous, madame; je meurs
d'amour, et ma vie est à vous. (*Il se jette à genoux.*)

JACQUELINE.

« Vraiment! Je croyais que votre refrain défendait
de dire qui on aime.

FORTUNIO.

« Ah! Jacqueline, ayez pitié de moi; ce n'est pas
d'hier que je souffre. Depuis deux ans, à travers ces
charmilles, je suis la trace de vos pas. Depuis deux
ans, sans que jamais peut-être vous ayez su mon
existence, vous n'êtes pas sortie ou rentrée, votre
ombre tremblante et légère n'a pas paru derrière
vos rideaux, vous n'avez pas ouvert votre fenêtre,
vous n'avez pas remué dans l'air, que je ne fusse
là, que je ne vous aie vue; je ne pouvais approcher
de vous, mais votre beauté, grâce à Dieu, m'ap-
partenait comme le soleil à tous; je la cherchais, je
la respirais, je vivais de l'ombre de votre vie. Vous
passiez le matin sur le seuil de la porte, la nuit j'y
revenais pleurer. Quelques mots, tombés de vos
lèvres, avaient pu venir jusqu'à moi, je les répétais
tout un jour. Vous cultiviez des fleurs, ma chambre
en était pleine. Vous chantiez le soir au piano, je
savais par cœur vos romances. Tout ce que vous
aimiez, je l'aimais; je m'enivrais de ce qui avait
passé sur votre bouche et dans votre cœur. Hélas!
je vois que vous souriez. Dieu sait que ma douleur
est vraie, et que je vous aime à en mourir. »

La Jacqueline de la réalité deméura insensible à
ce doux langage et aux reproches dont Fortunio l'ac-
cabla en découvrant qu'il avait servi de paravent au
capitaine Clavaroche. Elle ne se repentit pas du
crime qu'elle avait commis contre l'amour en trom-
pant le cœur novice et confiant où sa science per-
verse avait fait éclore la passion; en y insinuant ce
venin du soupçon dont il ne guérit jamais; en jouant
« avec tout ce qu'il y a de sacré sous le ciel, comme
un voleur avec des dés pipés »; et elle sourit du mal
qu'elle avait fait.

Les *Caprices de Marianne* ont paru le 15 mai 1833.
Musset y a mis une part de lui-même dans deux de
ses personnages. Octave, le précoce libertin dont
les dehors brillants recouvrent un sépulcre blanchi
où dort la poussière des illusions généreuses de la
jeunesse, c'est Musset, c'est son mauvais *moi* à l'inspiration sensuelle et blasphématoire, le meurtrier
de son génie. « Je ne sais point aimer, dit Octave.
Je ne suis qu'un débauché sans cœur; je n'estime
point les femmes; l'amour que j'inspire est comme
celui que je ressens, l'ivresse passagère d'un songe....
Ma gaieté est comme le masque d'un histrion; mon
cœur est plus vieux qu'elle; mes sens blasés n'en
veulent plus. »

L'amoureux Cœlio, c'est encore Musset, le Musset
des bonnes heures, timide et sensible, un peu triste de
l'immoralité d'Octave, auquel il fait d'inutiles repré-
sentations. J'ai déjà dit combien cette dualité était
marquée chez l'auteur. « Tous ceux qui ont connu

Alfred de Musset, écrit son frère Paul, savent combien il ressemblait à la fois aux deux personnages d'Octave et de Cœlio, quoique ces deux figures semblent aux antipodes l'une de l'autre. » Les étrangers eux-mêmes le savaient. L'une des premières fois que George Sand vit Musset, elle lui conta qu'on lui avait demandé s'il était Octave ou Cœlio, et qu'elle avait répondu : « Tous les deux, je crois ». Quelques jours après, il lui écrivit une lettre où il lui rappelait cette anecdote, s'accusant de ne lui avoir montré qu'Octave et sollicitant la permission de laisser parler Cœlio. Et ce fut sa déclaration, le début de leur roman. Il disait aussi de lui-même, connaissant bien son manque d'équilibre : « Je pleure ou j'éclate de rire ».

Cette espèce de dédoublement donnait lieu à des dialogues intérieurs dont nous possédons un échantillon authentique. La conversation de l'oncle Van Buck avec son vaurien de neveu, au début d'*Il ne faut jurer de rien*, est historique. C'est un entretien que Musset avait eu avec lui-même, un matin, dans sa chambre, après quelques folies. Son bon *moi* lui avait mis une robe de chambre, symbole de vertu, l'avait assis dans un honnête fauteuil de famille, et avait adressé une verte semonce à l'*autre*, qui lui répondait par les impertinences de Valentin. Quelques jours après, le dialogue était écrit et toute la pièce en sortait. Celui que voici, qui se trouve à la première scène des *Caprices de Marianne*, a tout l'air d'avoir eu lieu dans la même chambre, devant la glace, au retour d'un bal masqué.

CŒLIO.

« .... Quelle est cette mascarade? N'est-ce pas Octave que j'aperçois? ·

(*Entre Octave.*)

OCTAVE.

« Comment se porte, mon bon monsieur, cette gracieuse mélancolie ?

CŒLIO.

« Octave! ô fou que tu es! tu as un pied de rouge sur les joues! D'où te vient cet accoutrement? N'as-tu pas de honte, en plein jour?

OCTAVE.

« O Cœlio! fou que tu es! tu as un pied de blanc sur les joues! — D'où te vient ce large habit noir? N'as-tu pas de honte, en plein carnaval?

CŒLIO.

« Quelle vie que la tienne! Ou tu es gris, ou je le suis moi-même.

OCTAVE.

« Ou tu es amoureux, ou je le suis moi-même. »

Morale du sermon : Octave va s'employer à faire recevoir son ami chez la belle Marianne.

C'est pour compléter la ressemblance entre ses deux héros et ses deux *moi*, que Musset a condamné le débauché des *Caprices de Marianne* à être le bourreau involontaire du personnage noble. Le Cœlio de la vie réelle était continuellement assassiné par Octave, qui exhalait aussi ses remords en lamentations poétiques, comme il le fait dans la pièce : « Moi seul au monde je l'ai connu.... Pour moi seul, cette vie silencieuse n'a point été un mystère. Les longues soirées que nous avons passées ensemble sont comme de fraîches oasis dans un désert aride; elles ont versé sur mon cœur les seules gouttes de rosée qui y soient tombées. Cœlio était la bonne partie de moi-même; elle est remontée au ciel avec lui.... Ce tombeau m'appartient : c'est moi qu'ils ont étendu sous cette froide pierre; c'est pour moi qu'ils avaient aiguisé leurs épées, c'est moi qu'ils ont tué. » S'étant dit ces choses sur le mal qu'il se faisait à lui-même, Musset prenait son chapeau et retournait aux « bruyants repas », aux « longs soupers à l'ombre des forêts ». Cœlio ne ressuscitait que pour être tué de nouveau, et il avait chaque fois la vie un peu plus fragile.

Quant au sujet de la pièce, il est contenu dans une des épigraphes de *Namouna* : « Une femme est comme votre ombre : courez après, elle vous fuit; fuyez-la, elle court après vous ».

C'est encore d'un crime contre l'amour qu'il s'agit dans *Fantasio*, écrit avant le voyage d'Italie et publié le 1er janvier 1834. La princesse Elsbeth, fille d'un roi de Bavière, d'une Bavière située dans le pays du bleu, a consenti par raison d'État à épouser le prince de Mantoue, et elle pleure quand on ne la voit pas, parce que son fiancé est un imbécile qu'il lui est impossible d'aimer. Elle n'ignore pas que le

sort des filles de roi est d'épouser le premier venu,
selon les besoins de la politique ; mais cela lui coûte,
par la faute d'une gouvernante romanesque qui lui
a donné des sentiments bourgeois. Elsbeth le lui.
reproche doucement : « Pourquoi, lui dit-elle,
m'as-tu donné à lire tant de romans et de contes de
fées? Pourquoi as-tu semé dans ma pauvre pensée
tant de fleurs étranges et mystérieuses? » Le mal est
à présent sans remède. Au mépris de la raison
d'État et de l'étiquette, son jeune cœur est gonflé
de germes d'amour prêts à éclore, qu'il faut tuer
en devenant la femme d'un homme « horrible et
idiot ». Elsbeth s'y résigne, afin d'épargner la guerre
à deux royaumes. Ce sacrifice, inspiré par l'idée
toute chrétienne qu'on doit immoler l'amour à des
devoirs plus hauts, paraît un monstrueux sacrilège
à Musset, qui se déguise en Fantasio pour aller le
dire à la jeune princesse, et cette nouvelle incar-
nation ne passe pas pour une des moins ressem-
blantes.

Il a été Fantasio — toujours par boutades — vers
vingt ans. Sa conversation était alors riche d'im-
prévu, comme dans le dialogue du premier acte avec
l'honnête Spark. Sa conduite déroutait toutes les
prévisions, y compris les siennes. Son humeur pro-
cédait par soubresauts, selon qu'il traversait l'un ou
l'autre des états d'esprit définis par M. Jules
Lemaître avec une sagacité lumineuse. « Fantasio
est un étudiant bohème à qui Musset a prêté son
âme. Fantasio s'ennuie — parce qu'il a trop aimé ;

il se croit désespéré, il voit la laideur et l'inutilité
du monde — parce qu'il n'aime plus. Il a, comme
Musset, l'amour de l'amour, et, après chaque expérience, le dégoût invincible, et, après chaque dégoût,
l'invincible besoin de recommencer l'expérience, et
dans la satiété toujours revenue le désir toujours
renaissant; en somme, la grande maladie humaine,
la seule maladie, l'impatience de n'être que soi et
que le monde ne soit que ce qu'il est, et l'immortelle illusion renaissant indéfiniment de l'immortelle
désespérance.... »

Le Fantasio de la comédie entreprend pieusement
de rompre un mariage qui serait une offense envers
le divin Éros. Il s'affuble de la bosse et de la perruque du bouffon de la cour, enterré la nuit d'avant,
s'introduit au palais.... Lira le reste qui veut, car
cela ne s'analyse pas. C'est un doux rêve dialogué,
par lequel il faut se laisser bercer sans exiger trop
de logique et sans craindre de laisser vaguer son
imagination. Les initiés aimaient à y chercher des
sens symboliques. On se rappelle la première rencontre de la princesse avec Fantasio, dans le jardin
du roi :

ELSBETH, *seule.*

« Il me semble qu'il y a quelqu'un derrière ces
bosquets. Est-ce le fantôme de mon pauvre bouffon
que j'aperçois dans ces bluets, assis sur la prairie?
Répondez-moi; qui êtes-vous? que faites-vous là
à cueillir ces fleurs? (*Elle s'avance vers un tertre.*)

FANTASIO (*assis, vêtu en bouffon, avec une bosse et une perruque*).

« Je suis un brave cueilleur de fleurs, qui souhaite le bonjour à vos beaux yeux. »

George Sand fait allusion à ce passage dans une des lettres brûlantes adressées à Musset pendant une brouille, et dont nous avons déjà cité quelques fragments : Voici ce commentaire inédit, écrit en rentrant des Italiens, où elle était allée seule, habillée en homme : « Samedi, minuit (*fin de 1834*)... Me voilà en bousingot, seule, désolée d'entrer au milieu de ces hommes noirs. Et moi aussi, je suis en deuil. J'ai les cheveux coupés, les yeux cernés, les joues creuses, l'air bête et vieux. Et là-haut, il y a toutes ces femmes blondes, blanches, parées, couleur de rose, des plumes, des grosses boucles de cheveux, des bouquets, les épaules nues. Et moi, où suis-je, pauvre George ? *Voilà, au-dessus de moi, le champ où Fantasio va cueillir ses bluets.* »

Le dénouement de *Fantasio* est tout souriant. Éros est victorieux : la gentille Elsbeth n'épousera pas son benêt de prétendu. Il est vrai que deux peuples vont s'égorger; mais la mort de quelques milliers d'hommes n'a jamais eu d'importance dans un conte de fées, où on les ressuscite d'un coup de baguette, pas plus que les bourses d'or jetées par les belles princesses à leurs sujets dans l'embarras, pas plus que tout ce qui peut choquer si l'on a le malheur de voir la pièce à la scène. Des arbres de carton et un soleil électrique sont encore beaucoup trop réels pour *Fantasio*.

On ne badine pas avec l'amour (1ᵉʳ juillet 1834) est peut-être le chef-d'œuvre du théâtre de Musset. La pièce est de moindre envergure et moins puissante que *Lorenzaccio*, mais elle est parfaite. Écrite au retour d'Italie, elle préconise déjà la mâle résignation du *Souvenir* aux souffrances qu'entraîne l'amour :

> . . . . O nature! ô ma mère!
> En ai-je moins aimé?

« Je veux aimer, mais je ne veux pas souffrir », dit Camille, instruite au couvent à toutes sortes de prudences douillettes et poltronnes.

— Pauvre enfant, lui répond Perdican : « Tu me parles d'une religieuse qui me paraît avoir eu sur toi une influence funeste; tu dis qu'elle a été trompée, qu'elle a trompé elle-même, et qu'elle est désespérée. Es-tu sûre que si son mari ou son amant revenait lui tendre la main à travers la grille du parloir, elle ne lui tendrait pas la sienne?

CAMILLE.

« Qu'est-ce que vous dites? J'ai mal entendu.

PERDICAN.

« Es-tu sûre que si son mari ou son amant revenait lui dire de souffrir encore, elle répondrait non?

CAMILLE.

« Je le crois. »

Elle ne le croit déjà plus, au moment qu'elle le

dit, et l'adieu de Perdican lui entre au cœur comme une flèche aiguë :

« Adieu, Camille, retourne à ton couvent, et lorsqu'on te fera de ces récits hideux qui t'ont empoisonnée, réponds ce que je vais te dire : Tous les hommes sont menteurs, inconstants, faux, bavards, hypocrites, orgueilleux et lâches, méprisables et sensuels ; toutes les femmes sont perfides, artificieuses, vaniteuses, curieuses et dépravées ;..... mais il y a au monde une chose sainte et sublime, c'est l'union de deux de ces êtres si imparfaits et si affreux. On est souvent trompé en amour, souvent blessé et souvent malheureux ; mais on aime, et quand on est sur le bord de sa tombe, on se retourne pour regarder en arrière, et on se dit : J'ai souffert souvent, je me suis trompé quelquefois, mais j'ai aimé. C'est moi qui ai vécu, et non pas un être factice créé par mon orgueil et mon ennui. »

Il sort, et va braver étourdiment la divinité vindicative qui ne permet pas qu'on joue avec l'amour. Le cruel badinage de Perdican avec une pauvre petite paysanne cause deux victimes : l'innocente Rosette, qui meurt d'avoir été trompée, et l'orgueilleuse Camille, que le regret du bonheur entrevu consumera sous son voile de religieuse. L'amour est vengé des deux insensés qui lui avaient menti.

On ne badine pas avec l'amour fut le dernier drame de Musset. Un rayon de gaieté descendit sur son théâtre et s'y posa. La *Quenouille de Barberine* (1er août 1835) nous montre comment une femme d'esprit met en pénitence les blancs-becs qui font profession de ne pas croire à la vertu des femmes, pour donner à comprendre qu'ils ont toujours été irrésistibles. Sans faire de tapage, sans pousser de cris, Barberine donne au jeune Rosemberg une leçon dont il se souviendra, et peut-être sans trop d'amertume. Il est si enfant, qu'il est capable de trouver amusant, au fond, de gagner son souper en filant. « C'est un jeune homme de bonne famille, écrit Barberine à son mari, et point méchant. Il ne lui manquait que de savoir filer, et c'est ce que je lui ai appris. Si vous avez occasion de voir son père à la cour, dites-lui qu'il n'en soit point inquiet. Il est dans la chambre du haut de notre tourelle où il a un bon lit, un bon feu, et un rouet avec une quenouille, et il file. Vous trouverez extraordinaire que j'aie choisi pour lui cette occupation; mais comme j'ai reconnu qu'avec de bonnes qualités il ne manquait que de réflexion, j'ai pensé que c'était pour le mieux de lui apprendre ce métier, qui lui permet de réfléchir à son aise, en même temps qu'il lui fait gagner sa vie. Vous savez que notre tourelle était autrefois une prison; je l'y ai attiré en lui disant de m'y attendre, et puis je l'y ai enfermé. Il y a au mur un guichet fort commode, par lequel on lui passe sa nourriture, et il s'en trouve bien, car il a le meilleur visage du monde, et il engraisse à vue d'œil. » Rosemberg a si peu de rancune qu'il engraisse! C'est d'un bon petit garçon, qui ne recommencera plus.

Nous avons déjà parlé du *Chandelier* et conté l'origine d'*Il ne faut jurer de rien* (1er juillet 1836), dont l'héroïne, Cécile, est proche parente de Barberine. Elle se charge aussi, toute jeune fille qu'elle soit, de corriger les jeunes fats qui s'imaginent connaître les femmes parce qu'ils ont eu des succès dans les coulisses et dans les fêtes de bienfaisance internationales. La punition est douce, cette fois. Valentin a mal joué un vilain rôle; il a été sot, et il n'a pas tenu à lui de devenir odieux; néanmoins ses fautes lui sont remises, et il épouse Cécile au dénouement. Le chaste amour d'une jeune fille pure a servi de bouclier au mauvais sujet, qu'il préserve du châtiment. Si quelque lectrice austère, estimant que Valentin ne méritait point tant d'indulgence, blâme son bonheur immérité, elle méconnaît l'un des plus beaux privilèges de son sexe, celui de purifier par une affection honnête les cœurs salis dans les plaisirs faciles, et d'en forcer l'entrée au respect. On a écrit peu de pages aussi glorieuses pour la femme que la scène du rendez-vous dans la forêt, à la fin de laquelle le libertin vaincu remercie l'innocence, dans un fol élan de joie et de reconnaissance, de n'avoir rien compris à ce qu'il lui a dit.

VALENTIN.

« .... N'as-tu pas peur? Es-tu venue ici sans trembler?

CÉCILE.

« Pourquoi? De quoi aurais-je peur? Est-ce de vous ou de la nuit?

« Pourquoi pas de moi? qui te rassure? Je suis jeune, tu es belle, et nous sommes seuls.

CÉCILE.

« Eh bien! Quel mal y a-t-il à cela ?

VALENTIN.

« C'est vrai, il n'y a aucun mal; écoutez-moi, et laissez-moi me mettre à genoux.

CÉCILE.

« Qu'avez-vous donc ? vous frissonnez.

VALENTIN.

« Je frissonne de crainte et de joie.... »

Valentin vient de découvrir la Pureté, et il l'adore à genoux. Il est sauvé, mais il l'a échappé belle.

Après *Il ne faut jurer de rien*, Musset écrivit encore deux petits proverbes pleins d'esprit : *Un Caprice* (1837), et *Il faut qu'une porte soit ouverte ou fermée* (1845); une gracieuse comédie, *Carmosine* (1850), et quelques piécettes anodines dont la dernière, *l'Ane et le Ruisseau* (1855), a pourtant le droit d'être nommée à cause d'un joli petit rôle d'ingénue.

Elle se nomme Marguerite, et elle jouait encore hier à la poupée. Le nez au vent et l'œil fureteur, elle a rapporté de sa pension des théories sur le mariage et sur la manière de faire marcher les hommes, qu'elle applique avec énergie, quitte à pleurer dès que le jeune premier fait semblant de

prendre ses boutades au sérieux. Sa piquante sil-
houette ferme gentiment une galerie de jeunes filles
qui n'a pas de pendant dans notre littérature dramatique. Musset n'avait pas perdu son temps lorsqu'il passait les nuits à valser — pas toujours en
mesure, m'affirme une de ses valseuses — et à
babiller avec ses danseuses. Tout en discutant la
coupe d'une robe ou les règles d'une figure de
cotillon, il avait pénétré cet être, fermé et énig-
matique comme un bouton de fleur : la jeune
fille. Cécile, Elsbeth, Camille, Rosette, Ninon et
Ninette, Déidamia, Carmosine et cette petite Marguerite, à peine entrevue, seront ses témoins devant
la postérité, quand on l'accusera de s'être complu
aux tableaux hardis et aux inspirations sensuelles.
Leurs ombres charmantes attesteront que son imagination ne s'était pas dépeuplée de figures virgi-
nales, et que jamais l'ulcère du mépris ne rongea
secrètement son âme en face de jeunes filles, qu'elles
fussent paysannes ou nobles demoiselles.

Elsbeth s'aperçoit qu'elle est romanesque, se le
reproche, et se sait en même temps quelque gré de
ce défaut. L'intérêt de sa maison exige qu'elle épouse
un sot ridicule. Trop bonne et trop droite pour
permettre à ses rêves de se placer entre elle et son
devoir, elle goûte un plaisir secret à sentir que
ce devoir lui est pénible, et qu'elle n'est pas de ces
filles positives et froides qui songent gaiement, et
non pas ironiquement comme elle, en épousant un
malotru : Après tout, je serai une dame, c'est peut-

être amusant; je prendrai peut-être goût à mes
parures, que sais-je? à mes carrosses, à ma nouvelle livrée; « heureusement qu'il y a autre chose
dans un mariage qu'un mari. Je trouverai peut-être
le bonheur au fond de ma corbeille de noces. » —
C'est la jeune fille qui a un fonds solide d'esprit
sain et de bon jugement, mais à qui l'on a fait lire
imprudemment beaucoup de romans anglais, et qui,
dans son ignorance du monde, a été troublée par
leur romanesque décent et sentimental.

Cécile n'aime pas les romans, ni le romantisme
en action. Elle a vu tout de suite que Valentin, avec
ses prétentions à la clairvoyance et à l'expérience,
prend pour la réalité ce qui n'est que de la littérature, et elle le lui reproche gentiment : « Qu'est-
ce que cela veut dire de s'aller jeter dans un
fossé? risquer de se tuer, et pour quoi faire? Vous
saviez bien être reçu chez nous. Que vous ayez
voulu arriver tout seul, je le comprends; mais
à quoi bon le reste? Est-ce que vous aimez les
romans?

VALENTIN.

« Quelquefois....

CÉCILE.

« Je vous avoue qu'ils ne me plaisent guère;
ceux que j'ai lus ne signifient rien. Il me semble que
ce ne sont que des mensonges, et que tout s'y in-
vente à plaisir. On n'y parle que de séductions, de
ruses, d'intrigues, de mille choses impossibles. »

Ce n'est pas elle qui jouera jamais à la femme incomprise, cette peste du romantisme, dont nous ne parvenons pas à nous délivrer et qui n'a pas cessé de reparaître sous des déguisements variés. Cécile donnera de bons bouillons à son mari, selon sa promesse, et l'aimera de tout son brave petit cœur, parce qu'il est son mari, et sans exiger de lui d'avoir du génie ou d'être un héros. Elle lui est très supérieure. Valentin est un étourdi et un viveur. Cécile sera sa raison et sa conscience. Rappelez-vous sa conversation avec son maître de danse.

LE MAITRE DE DANSE

« Mademoiselle, j'ai beau vous le dire, vous ne faites pas d'oppositions. Détournez donc légèrement la tête, et arrondissez-moi les bras.

CÉCILE

« Mais, monsieur, quand on veut ne pas tomber, il faut bien regarder devant soi. »

Elle regardera « devant soi » pour deux, l'exquise et modeste créature, et son mari la payera en estime et en confiance.

Camille est plus instruite du mal et de la vie, moins innocente, que Cécile. Musset a pensé à faire la différence entre la jeune fille élevée dans sa famille et celle qui a été élevée au couvent. La première se hâte, dans une sainte ignorance du danger, au rendez-vous donné la nuit, dans les bois, par l'homme, inconnu la veille, qu'elle croit son fiancé. L'autre répond à son camarade d'enfance, qui lui

tend une main amie, ce mot de cloître, que Cécile
ne comprendrait pas : « Je n'aime pas les attou-
chements ». Pauvre Camille! Elle vient d'avoir
dix-huit ans, et n'a sans doute jamais lu aucun mauvais livre. Cependant il n'y a plus ni confiance, ni
joie de vivre dans son jeune cœur, flétri par les
dangereuses confidences des naufragées de l'existence qui demandent aux couvents un abri contre
le monde et contre elles-mêmes. Savent-elles, lui
demande Perdican, épouvanté de ce désenchante-
ment précoce, « savent-elles que c'est un crime
qu'elles font, de venir chuchoter à une vierge des
paroles de femme? Ah! comme elles t'ont fait la
leçon! » En écoutant ces récits amers, Camille a vu
l'humanité à travers un mauvais rêve, et elle a prié
Dieu de n'avoir plus rien de la femme.

Son cauchemar s'est dissipé en quittant l'ombre
du cloître. « Tu voulais partir sans me serrer la
main, lui dit son cousin; tu ne voulais revoir ni ce
bois, ni cette pauvre petite fontaine qui nous regarde toute en larmes; tu reniais les jours de ton
enfance, et le masque de plâtre que les nonnes t'ont
plaqué sur les joues me refusait un baiser de frère;
mais ton cœur a battu; il a oublié sa leçon, lui qui
ne sait pas lire, et tu es revenue t'asseoir sur l'herbe
où nous voilà. » Camille aime, et ses yeux éblouis
se sont rouverts à la vérité. Elle croit maintenant à
l'amour, à la vie, au bonheur, à Perdican. Elle accepte avec joie de souffrir. Son orgueil s'est fondu,
et elle était redevenue une faible femme, quand leur

mutuelle imprudence l'a séparée à jamais de Perdican. Pauvre, pauvre Camille!

Les autres jeunes filles de Musset ont un air de
famille avec les coryphées du chœur. Toutes ces
chastes héroïnes ont deux traits en commun. Elles
sont fidèles à leur vocation de femmes, de s'épanouir par l'amour et le mariage, et elles sont très
honnêtes, y compris la simple Rosette, que Perdican abuse par des paroles trompeuses. Elles
ont le charme des natures saines, et n'ont pu être
créées que par un poète qui avait gardé intact, à
travers les désillusions et les déchéances, le respect
de la jeune fille. Musset a toujours vu les Ninon et
les Ninette de la réalité avec les yeux d'un croyant,
et elles lui ont inspiré en récompense la partie la
plus pure de son œuvre.

L'histoire du théâtre de Musset est singulière.
Ses pièces dormirent longtemps dans la collection
de la *Revue des Deux Mondes*, pas très remarquées
à leur apparition, et vite oubliées. Leur publication
en volume, en 1840, ne fit non plus aucun bruit.
Elles étaient presque ignorées quand Mme Allan,
alors à Saint-Pétersbourg, entendit vanter une
petite pièce russe qui se donnait sur un petit théâtre.
Elle voulut la voir, la trouva de son goût et en
demanda une traduction pour la jouer devant la cour
impériale. Quelqu'un simplifia les choses en lui
envoyant un volume intitulé *Comédies et Proverbes*,
par Alfred de Musset : la petite pièce russe était le
Caprice.

Mme Allan y eut tant de succès à Saint-Pétersbourg, qu'à son retour à Paris, en 1847, elle « rap-
porta *Un Caprice* dans son manchon » et le joua à la
Comédie-Française, le 27 novembre, contre vents
et marées. Personne, ou à peu près, ne savait d'où
cela sortait. Et puis, c'était mal écrit : « *Rebonsoir,
chère!* En quelle langue est cela? » disait Samson
suffoqué. Le lendemain de la première, revirement
complet. Théophile Gautier écrivait dans son feuil-
leton dramatique : « Ce petit acte, joué samedi aux
Français, est tout bonnement un grand événement
littéraire.... Depuis Marivaux... il ne s'est rien produit à la Comédie-Française de si fin, de si délicat,
de si doucement enjoué que ce chef-d'œuvre mignon
enfoui dans les pages d'une revue et que les Russes
de Saint-Pétersbourg, cette neigeuse Athènes, ont
été obligés de découvrir pour nous le faire accepter. » Théophile Gautier louait ensuite « la prodi-
« gieuse habileté, la rouerie parfaite, la merveilleuse
« divination des planches » de ce proverbe qui n'avait
pas été écrit pour la scène, et qui était pourtant
plus adroitement conduit que du Scribe. » (*La Presse,*
29 novembre 1847.)

L'*Illustration* peignit avec vivacité la surprise du
public en découvrant Musset auteur dramatique :
« Un événement inattendu pour tout le monde s'est
passé au Théâtre-Français, le succès complet, gi-
gantesque, étourdissant d'un tout petit acte de comédie. » Suit un éloge de Musset poète, puis le
chroniqueur revient au *Caprice* : « Les mots rayonnent

comme des diamants ; chaque scène est une féerie, et cependant c'est vrai, c'est la nature, et l'on est ravi » (4 décembre 1847).

Tant d'admiration nous déroute un peu, nous qui voyons dans le *Caprice* une pièce charmante sans doute, quelque chose de mieux qu'une bluette, mais enfin l'une des moindres parmi les œuvres dramatiques de Musset.

Quoi qu'il en soit, la trouée était faite ; tout le reste y passa. *Il faut qu'une porte soit ouverte ou fermée* fut joué le 7 avril 1848, *Il ne faut jurer de rien* le 22 juin suivant, la veille des journées de Juin. *Musset à Alfred Tattet*, le 1er juillet : « Je vous remercie de votre lettre, mon cher ami. Il ne nous est rien arrivé, à mon frère ni à moi, que beaucoup de fatigue. A l'instant où je vous écris, je quitte mon uniforme, que je n'ai guère ôté depuis l'insurrection. Je ne vous dirai rien des horreurs qui se sont passées ; c'est trop hideux.

« Au milieu de ces aimables églogues, vous comprenez que le pauvre oncle Van Buck est resté dans l'eau. Il avait pourtant réussi, et je puis dire complètement, — sans exagération. C'était justement la veille de l'insurrection ; j'avais encore trouvé une salle toute pleine et bien garnie de jolies femmes, de gens d'esprit, un parterre excellent pour moi, de très bons acteurs, enfin tout pour le mieux. J'ai eu ma soirée. Je l'ai prise, pour ainsi dire, au vol.... Le lendemain, bonjour ! acteurs, directeur, auteur, souffleur, nous avions le fusil au poing, avec le canon pour orchestre, l'incendie pour éclairage et un parterre de vandales enragés. La garde mobile a été si admirablement intrépide que ce seul spectacle, heureusement, nous a donné encore de bons battements de cœur. C'étaient presque tous des enfants. Je n'ai jamais rien rêvé de pareil. »

Le *Chandelier* eut son tour en août, *André del Sarto* en novembre, etc. On en est venu à jouer l'injouable : *Fantasio*, et les *Nuits*.

L'une des causes de ce prodigieux succès fut que Musset, au théâtre, parut un novateur et un réaliste. Ses pièces n'étaient pas faites selon les formules, pas plus les formules romantiques que les classiques, et elles possédaient cette vérité supérieure qui est le privilège des poètes : « Chaque scène est une féerie, et cependant c'est vrai, c'est la nature ». Ces mots résument les impressions des premiers spectateurs, dont quelques-uns reprochaient même à Musset d'être trop « la nature ». Auguste Lireux en fait la remarque à propos de la première représentation des *Caprices de Marianne* (14 juin 1851). On « n'est pas habitué, dit-il, aux pièces naturelles, et à cette fantaisie si semblable à la vérité même, qui est le propre de M. Alfred de Musset ». Il ajoute qu'on aime trop le faux, au moment où il écrit, pour supporter facilement la vérité, et il résume ainsi la pièce : « Histoire trop cruelle, trop vraie ! » (*Constitutionnel*, 16 juin 1851).

Cependant, quelques personnes étaient scandalisées de l'engouement subit du public. Sainte-Beuve, qui n'a jamais attaché grande importance au théâtre de Musset, avait d'abord applaudi à la vogue du *Caprice*. Quand il vit que cela devenait sérieux et qu'on prenait les grandes pièces pour plus et mieux que des badinages, il s'indigna et écrivit dans son *Journal* : « J'ai vu hier (4 août 1848) la petite pièce de Musset au Théâtre-Français : *Il ne faut jurer de rien*. Il y a de bien jolies choses, mais le décousu et le manque de bon sens m'ont frappé. Les caractères sont vraiment pris dans un monde bien étrange : cet oncle sermoneur et bourru qui finit par se griser; ce jeune homme fat et grossier plutôt qu'aimable et spirituel; cette petite fille franche petite coquine, vraie modiste de la rue Vivienne, qu'on nous donne pour une Clarisse, qui vraiment n'est pas faite pour ramener un libertin autrement que par un caprice dont il se repentira le quart d'heure d'après; cette baronne insolente et commune, qu'on nous présente tout d'un coup à la fin comme une mère de charité; — tout cela est sans tenue, sans consistance, sans suite. C'est d'un monde fabuleux ou vu à travers une goguette et dans une pointe de vin. L'esprit de détail et la drôlerie imprévue font les frais de la scène et raccommodent à chaque instant la déchirure du fond. Mais il y a des gens qui vont sérieusement s'imaginer que c'était là le suprème bon ton du monde le plus délicat de la société qui a disparu : tandis qu'un tel monde n'a jamais existé autre part que dans les fumées de la fantaisie du poète revenant de la tabagie. Je me trompe : il y a des jeunes gens, et même des

jeunes femmes qui, s'étant engoués du genre-Mus-
set, se sont mis à l'imiter, à le copier dans leur vie,
tant qu'ils ont pu, et se sont modelés sur ce pa-
tron. L'original ici n'est venu qu'après la copie, et
n'est pas du tout un original.

« Alfred de Musset est le caprice d'une époque
blasée et libertine. »

Il faut passer un mouvement de dépit au critique
dont l'arrêt vient d'être cassé par la foule. Nous avons
cité cette page maussade et inintelligente parce
qu'elle précise le moment où la gloire de Musset,
confinée jusque-là dans des cercles étroits, a pris son
essor. Le succès du *Caprice* a plus fait pour sa réputation que toutes ses poésies mises ensemble. Il
devint populaire en quelques jours, et ses vers en
profitèrent. L'auteur dramatique avait donné l'élan
au poète, qui monta aux nues alors qu'il s'y attendait
le moins.

L'œuvre en prose de Musset comprend encore des
Nouvelles, des *Contes*, des *Mélanges*, et la *Confession
d'un Enfant du siècle* (1836), dont il a déjà été question
à propos de George Sand.

La *Confession* a eu l'étrange fortune d'être presque
toujours jugée sur ses défauts et ses mauvaises
pages, même par ses admirateurs. La jeunesse d'il
y a trente ans lisait dévotieusement les déclama-
tions des deux premières parties, dans lesquelles
Musset n'est qu'un médiocre élève de Rousseau et
de Byron. La jeunesse d'aujourd'hui condamne le
livre sur ces mêmes chapitres, et semble ignorer

l'idylle qui leur succède : « Comme je me promenais un soir dans une allée de tilleuls, à l'entrée du village, je vis sortir une jeune femme d'une maison écartée. Elle était mise très simplement et voilée, en sorte que je ne pouvais voir son visage ; cependant sa taille et sa démarche me parurent si charmantes, que je la suivis des yeux quelque temps. Comme elle traversait une prairie voisine, un chevreau blanc, qui paissait en liberté dans un champ, accourut à elle ; elle lui fit quelques caresses, et regarda de côté et d'autre, comme pour chercher une herbe favorite à lui donner. Je vis près de moi un mûrier sauvage ; j'en cueillis une branche et m'avançai en la tenant à la main. Le chevreau vint à moi à pas comptés, d'un air craintif ; puis il s'arrêta, n'osant pas prendre la branche dans ma main. Sa maîtresse lui fit signe comme pour l'enhardir, mais il la regardait d'un air inquiet ; elle fit quelques pas jusqu'à moi, posa la main sur la branche, que le chevreau prit aussitôt. Je la saluai, et elle continua sa route. »

C'est la première rencontre avec Brigitte. Non moins charmant est le tableau du modeste intérieur de la pâle jeune femme aux grands yeux noirs. Le récit s'élargit et s'élève avec la rentrée triomphale de l'amour dans ces deux cœurs qui s'étaient cru usés, et la scène de l'aveu est d'une douceur grave. Un soir, ils sont sur le balcon de Brigitte, contemplant les splendeurs de la nuit : « Elle était appuyée sur son coude, les yeux au ciel ; je m'étais penché à côté d'elle, et je la regardais rêver. Bientôt je levai les

yeux moi-même ; une volupté mélancolique nous eni-
vrait tous deux. Nous respirions ensemble les tièdes
bouffées qui sortaient des charmilles ; nous suivions
au loin dans l'espace les dernières lueurs d'une blan-
cheur pâle que la lune entraînait avec elle en des-
cendant derrière les masses noires des marronniers.
Je me souvins d'un certain jour que j'avais regardé
avec désespoir le vide immense de ce beau ciel ; ce
souvenir me fit tressaillir ; tout était si plein maintenant ! Je sentis qu'un hymne de grâce s'élevait dans
mon cœur, et que notre amour montait à Dieu. J'en-
tourai de mon bras la taille de ma chère maîtresse ;
elle tourna doucement la tête : ses yeux étaient noyés
de larmes. »

Les promenades de nuit dans la forêt de Fontainebleau sont aussi bien belles. George Sand et Musset
les avaient faites ensemble dans l'automne de 1833.
Leurs pieds avaient suivi les mêmes sentiers qu'Octave et Brigitte, leurs mains s'étaient accrochées aux
mêmes genêts en grimpant sur les roches. Ils avaient
échangé à voix basse les mêmes confidences. Les
habits d'homme de Brigitte, sa blouse de cotonnade
bleue, qu'on a reprochés à Musset comme une faute
de goût, c'était le costume de voyage de son amie,
celui de la première *Lettre d'un voyageur*. J'ai dit
ailleurs [1] l'émotion de George Sand en retrouvant

---

1. Voy. p. 60. C'est précisément à cause de l'exactitude du
fond du récit, que Paul de Musset s'est attaché à lui enlever
toute valeur autobiographique. Il ne pouvait lui convenir que
son frère prît chevaleresquement tous les torts sur lui.

dans la *Confession d'un enfant du siècle* l'histoire à peine déguisée de leur malheureuse passion. Cette véracité scrupuleuse explique et excuse les longueurs de la cinquième partie, monotone récit de querelles si pénibles, que la victoire du rival de Musset, qui met fin au volume, est un soulagement pour le lecteur.

En résumé : une œuvre d'art très inégale, tantôt déclamatoire, tantôt supérieure, quelquefois fatigante ; mais un livre précieux par sa sincérité et très honorable pour Musset, qui y donne partout, sans hésitation ni réticences, le beau rôle à la femme qu'il a aimée, et qui n'avait pourtant pas été sans reproches. Telle apparaît la *Confession d'un enfant du siècle*, à présent que tous les voiles sont levés.

Les *Contes* et les *Nouvelles* sont de petits récits sans prétentions, écrits avec sentiment ou esprit, selon le sujet, et où Musset a atteint deux ou trois fois la perfection. La perle des contes est le *Merle blanc* (1842), où l'on voit l'inconvénient d'être romantique dans une famille vouée depuis plusieurs générations aux vers classiques. A la première note hasardée par le héros, son père saute en l'air : « Qu'est-ce que j'entends là ! s'écria-t-il ; est-ce ainsi qu'un merle siffle ? est-ce ainsi que je siffle ? est-ce là siffler ?.... Qui t'a appris à siffler ainsi contre tous les usages et toutes les règles ?

— Hélas, monsieur, répondis-je humblement, j'ai sifflé comme je pouvais....

— On ne siffle pas ainsi dans ma famille, reprit

mon père hors de lui. Il y a des siècles que nous sifflons de père en fils.... Tu n'es pas mon fils; tu n'es pas un merle. »

L'excellent M. de Musset-Pathay avait pris les choses moins au tragique, mais il croyait tout de bon, après le premier volume de son fils, que ce n'était pas là siffler.

Repoussé par les siens, le merle blanc est méconnu des cénacles emplumés auprès desquels il cherche un asile, parce qu'il ne ressemble à personne. Il prend le parti de chanter à sa mode et devient un poète célèbre. La suite n'est pas moins transparente. Il épouse une merlette blanche qui fait des romans avec la facilité de George Sand : « Il ne lui arrivait jamais de rayer une ligne, ni de faire un plan avant de se mettre à l'œuvre ». Elle avait aussi les idées avancées de l'auteur de *Lélia*, « ayant toujours soin, en passant, d'attaquer le gouvernement et de prêcher l'émancipation des merlettes ». Le poète emplumé croit posséder l'oiseau de ses rêves, assorti à sa couleur comme à son génie. Hélas! sa femme l'avait trompé. Ce n'était pas une merlette blanche; c'était une merlette comme toutes les merlettes; elle était teinte et elle déteignait!

Les nouvelles sont semées de souvenirs personnels. Quand l'amoureux n'est pas Musset en chair et en os, il est rare qu'il n'ait pas du moins avec lui quelque trait, quelque aventure en commun. Les héroïnes sont presque toutes croquées d'après nature, comme aussi les paysages, les intérieurs, les épisodes. Il inventait peu. Il travaillait sur « documents humains » et racontait des « choses vécues », à la façon de nos romanciers naturalistes ; seulement, il ne regardait pas avec les mêmes yeux.

Musset a employé dans son théâtre une prose poétique qui a peu de rivales dans notre langue. Elle est éminemment musicale. L'harmonie en est caressante, le rythme doux et ferme. Le mouvement suit avec souplesse l'allure de l'idée, tantôt paisible, tantôt pressé et passionné. Les épithètes sont mieux que sonores ou rares : elles sont évocatrices. L'ensemble est pittoresque et éloquent, sans cesser jamais d'être limpide. C'est d'un art très simple et très raffiné.

Sa prose courante est parfaite. C'est une langue franche et transparente, où l'expression est juste, le tour de phrase net et naturel. Ses lettres familières sont vives et aisées. Son frère en a publié quelques-unes dans les *Œuvres posthumes*, mais celles que j'ai pu comparer aux originaux ont été altérées. En ce temps-là, on comprenait autrement que de nos jours les devoirs d'éditeur. Paul de Musset ne s'est pas borné aux coupures. Il s'est attaché à ennoblir le style, qu'il jugeait trop négligé. Au besoin, il arrangeait aussi un peu le sens. Musset avait écrit à *la marraine*, à propos d'amour : « *Je me suis* passablement brûlé les ailes en temps et lieu ». Paul imprime : « *L'on m'a* passablement brûlé les ailes... » (17 déc. 1838). Musset disait ailleurs, à propos d'un article pour lequel il demandait certains renseigne-

ments : « J'aime mieux faire une page *médiocre*,
mais honnête, qu'un poème en fausse monnaie do-
rée ». Il était inadmissible que Musset pût écrire
une page *médiocre*; on lit dans le volume : « J'aime
mieux faire une page *simple* ». Sur Mlle Plessy dans
le *Barbier de Séville* : « Rosine n'a pas été *espa-
gnole*, mais elle a été spirituelle ». Correction :
« Rosine n'a pas été *espiègle* ». Ailleurs, *taper*
est remplacé par *frapper*, *au beau milieu* par
au milieu, *je me suis en allé* par *je m'en suis
allé*, etc., etc. Il y a des pages entièrement récrites.
Si Musset avait vu le volume, il aurait été pénétré
d'admiration et de reconnaissance pour le zèle et la
patience de son frère, mais peut-être se serait-il
souvenu d'un travail d'agrément pour lequel l'aris-
tocratie française s'était prise de passion au temps
de sa jeunesse. Au printemps de 1831, les belles
dames du faubourg Saint-Germain passaient leurs
journées à coller des pains à cacheter en rond, sur
de petits morceaux de carton qui devenaient des
bobèches. Musset n'avait jamais pu comprendre
l'utilité de ce travail : « N'y a-t-il plus de bobèches
chez les marchands? écrivait-il; d'où nous vient
cette rage de bobèches? » Je ne sais si le travail
d'épluchage de son frère lui aurait semblé beaucoup
plus utile que la fabrication des bobèches en pains à
cacheter.

CHAPITRE VII

LES DERNIÈRES ANNÉES

Musset sentit venir et grandir l'impuissance d'écrire, et n'en ignora pas la cause. Il savait qu'il détruisait lui-même son intelligence, jour par jour, heure par heure, et il assistait au désastre le désespoir dans l'âme, la volonté effondrée, incapable de se défendre contre lui-même. Le mal venait de loin. *Sainte-Beuve à Ulrich Guttinguer* : « 28 avril 1837, ce vendredi.... J'ai vu Musset l'autre jour, bien aimable et gentil de couleurs et de visage, pour être si, si perdu et si gâté au fond et en dessous. »

Il souffrit cruellement tandis que son sort s'accomplissait. Son frère raconte comment, en 1839, il fut sur le point de se tuer. L'année suivante, Alfred Tattet montra à Sainte-Beuve un chiffon de papier qu'il avait surpris le matin même, à la campagne, sur la table de Musset. On y lisait ces vers tracés au crayon :

J'ai perdu ma force et ma vie,
Et mes amis et ma gaieté ;
J'ai perdu jusqu'à la fierté
Qui faisait croire à mon génie.

Quand j'ai connu la Vérité,
J'ai cru que c'était une amie ;
Quand je l'ai comprise et sentie,
J'en étais déjà dégoûté.

Et pourtant elle est éternelle,
Et ceux qui se sont passés d'elle
Ici-bas ont tout ignoré.

Dieu parle, il faut qu'on lui réponde.
Le seul bien qui me reste au monde
Est d'avoir quelquefois pleuré.

Les causes de cette mort anticipée sont affreusement tristes. Qu'on veuille bien se rappeler la fragilité de sa machine et les révoltes indomptables de ses nerfs, et l'on entreverra les fatalités physiques qui lui ont fait perdre la maîtrise et le gouvernement de lui-même. Un soir — c'était le 13 août 1844, — la marraine lui avait parlé très sérieusement, dans l'espoir de l'amener à se ressaisir lui-même. Alors il leva pour elle le voile qui cachait ses maux, et elle en pleura : « Je ne puis vous répéter ce qu'il m'a dit, disait-elle ensuite à Paul. Cela est au-dessus de mes forces. Sachez seulement qu'il m'a battue sur tous les points. » Le lendemain, Musset lui envoya le sonnet suivant, qui a été imprimé dans la *Biographie* :

Qu'un sot me calomnie, il ne m'importe guère.
Que sous le faux semblant d'un intérêt vulgaire,
Ceux même dont hier j'aurai serré la main
Me proclament, ce soir, ivrogne et libertin,

. . Ils sont moins mes amis que le verre de vin
Qui pendant un quart d'heure étourdit ma misère ;
Mais vous, qui connaissez mon âme tout entière,
A qui je n'ai jamais rien tu, même un chagrin,

Est-ce à vous de me faire une telle injustice,
Et m'avez-vous si vite à ce point oublié ?
Ah ! ce qui n'est qu'un mal, n'en faites pas un vice.

Dans ce verre où je cherche à noyer mon supplice,
Laissez plutôt tomber quelques pleurs de pitié
Qu'à d'anciens souvenirs devrait votre amitié.

Détournons la tête et passons,

    Le cœur plein de pitié pour des maux inconnus,

et plaignant la « misère », quelle qu'elle soit, capable
de pousser le génie à un pareil suicide.

Musset n'attendait du public aucune indulgence.
« Le monde, disait-il, n'a de pitié que pour les maux
dont on meurt. » Il s'abandonnait devant sa famille
à une tristesse profonde, qui augmentait après
chaque effort pour s'étourdir. Un soir, au retour
d'une partie de plaisir, il écrivit : « Parmi les cou-
reurs de tavernes, il y en a de joyeux et de ver-
meils ; il y en a de pâles et de silencieux. Peut-on
voir un spectacle plus pénible que celui d'un libertin
qui souffre ? J'en ai vu dont le rire faisait frissonner.
Celui qui veut dompter son âme avec les armes des
sens peut s'enivrer à loisir ; il peut se faire un extérieur impassible ; il peut enfermer sa pensée dans
une volonté tenace ; sa pensée mugira toujours dans
le taureau d'airain. » Sa pensée faisait son devoir et
« mugissait ». Sa volonté malade manquait au sien et

ne venait pas à son secours. Cette agonie morale dura plus de quinze ans.

En public, ou dans ses lettres, il faisait bonne contenance et affectait la gaieté. Son extraordinaire mobilité lui rendait la tâche assez facile. Il s'amusait comme un enfant des moindres bagatelles. Les petits malheurs de l'existence, qu'il n'avait jamais trouvé de bon goût de prendre au tragique, avaient aussi le don de réveiller sa verve. On peut dire que ses perpétuels démêlés avec la garde nationale pour ne pas monter sa faction lui furent très salutaires. Il avait généralement le dessous et s'en allait coucher en prison. Quand il se voyait bel et bien sous clef à l'hôtel des Haricots, dans la cellule 14, réservée aux artistes et aux gens de lettres, il se trouvait tellement absurde, qu'il se riait au nez en prose et en vers. Tout le monde a lu *Le mie prigioni*, écrites dans la cellule 14 :

> On dit : « Triste comme la porte
>   D'une prison »,
> Et je crois, le diable m'emporte,
>   Qu'on a raison.
>
> D'abord, pour ce qui me regarde,
>   Mon sentiment
> Est qu'il vaut mieux monter sa garde,
>   Décidément.
>
> Je suis, depuis une semaine,
>   Dans un cachot,
> Et je m'aperçois avec peine
>   Qu'il fait très chaud, *etc.*, *etc.*

Le mie prigioni ont un pendant qui est moins connu. C'est une lettre adressée à Augustine Brohan.

Des Haricots. Vendredi.

« O ma chère Brohan! Je suis dans les fers. Je
gémis au sein des cachots. Cela ne m'empêchera
pas d'aller vous voir demain samedi. Mais je vous
écris cet écrit du fond du système cellulaire. Je suis
en ce moment dans ce célèbre Numéro quatorze, qui
fut mal gravé dans le *Diable à Paris*. C'est pour
cause de patrouille, car je n'ai tué personne. »

Après ces éclairs de gaieté, il retombait sur lui-
même et redevenait morne. Aux trop justes sujets
de tristesse que nous avons indiqués s'ajoutaient des
ennuis divers, parmi lesquels, au premier rang, son
peu de succès. Il était toujours modeste (un peu
moins, cependant, en vieillissant) et avait toujours
horreur des compliments, au point d'en paraître hautain et dédaigneux : « Vous me parlez, écrivait-il à
Mme Jaubert, de gens qui m'exprimeraient parfois
volontiers le plaisir que j'ai pu leur faire. Je vous
donne ma parole que, sur dix compliments, il y en a
neuf qui me sont insupportables; je ne dis pas qu'ils
me blessent ni que je les croie faux, mais ils me
donnent envie de me sauver. » *A Alfred Tattet*,
août 1838 : « Et vous aussi, vous me faites des
compliments! *tu quoque, Brute!* Mais je les reçois de
bon cœur, venant de vous — ne m'appelez jamais
illustre, vous me feriez regretter de ne pas l'être.
Quand vous voudrez me faire un compliment, appe-
lez-moi votre ami. »

Mais on a beau être modeste, il y a un degré d'in-

différence qui chagrine et décourage un écrivain, et
le poëte des *Nuits* en avait fait la dure expérience. Il
y avait toujours eu des jeunes gens sachant *Rolla*
par cœur. La foule avait presque oublié Musset,
malgré l'éclat de ses débuts, parce qu'il s'était
détaché après *Rolla* du groupe des écrivains nova-
teurs. Il avait abjuré la forme romantique au moment
où le romantisme triomphait : la presse ne s'occupa
plus de lui, le gros public s'en désintéressa, et ses
plus belles œuvres furent accueillies les unes après
les autres par un silence indifférent. Henri Heine
disait avec étonnement, en 1835 : « Parmi les gens
du monde, il est aussi inconnu comme auteur que
pourrait l'être un poëte chinois ». Mme Jaubert,
qui rapporte ce propos, ajoute que Heine disait
vrai ; les salons parisiens, y compris le sien, ne
connaissaient que la *Ballade à la lune* et l'*Andalouse*. Un soir, chez elle, Géruzez s'avisa de réciter
devant une trentaine de personnes le duel de *Don
Paez* :

> Comme on voit dans l'été, sur les herbes fauchées,
> Deux louves, ...

L'auditoire écoutait avec surprise. Personne n'avait
lu cela.

Comptant aussi peu dans le mouvement intellec-
tuel et étant, d'autre part, assez détaché (un peu
trop) des affaires publiques, Musset vieillissant a eu
l'existence la plus vide. C'est à lui, entre tous les
grands écrivains, qu'il conviendrait d'appliquer ce

qui a été dit avec tant de bon sens [1] sur les dangers
de l'influence littéraire des salons et des femmes.
Musset a beaucoup trop vécu de la vie de salon et
dans la société des femmes. A force de rimer des
bouquets à Chloé pour ses « petits becs roses » et
de rechercher les applaudissements de leurs « me-
nottes blanches », il s'est déshabitué des pensées et
des efforts virils au moment où c'était pour lui une
question de vie et de mort.

Ses journées furent un tissu de néants lorsqu'il
cessa de les donner au travail. Ses lettres en font
foi. Les événements de ces longues années sont
quelques petits voyages et beaucoup de passions
pour rire. En 1845, il passe une partie de l'été dans
les Vosges. A son retour, il écrit au fidèle Tattet :
« Rien n'élève le cœur et n'embellit l'esprit comme
ces grandes tournées dans le royaume. C'est in-
croyable le nombre de maisons, de paysans, de
troupeaux d'oies, de chopes de bière, de garçons
d'écurie, d'adjoints, de plats de viande réchauffés,
de curés de village, de personnes lettrées, de hauts
dignitaires, de plants de houblon, de chevaux
vicieux et d'ânes éreintés qui m'ont passé devant
les yeux.... »

« Je suis revenu avec une jeune beauté de qua-
rante-cinq à quarante-six ans, qui se rendait, par
les diligences de la rue Notre-Dame-des-Victoires,
de Varsovie aux Batignolles. Le fait est historique;

1. M. Brunetière, *l'Évolution des genres.*

elle mangeait un gâteau polonais, couleur de fromage de Marolles, et elle pleurait en demandant l'heure de temps en temps, parce qu'un grand monsieur de sept ou huit pieds de long sur très peu de large s'était apparemment chamaillé avec elle; ce monsieur s'appelait *mon bien-aimé*, du moins ne l'ai-je pas entendu appeler d'un autre nom.... » Le *bien-aimé* était allé bouder dans la rotonde, laissant Musset en tête-à-tête dans le coupé avec sa Dulcinée : « Jugez, mon cher ami, de ma situation. Heureusement sa figure d'Ariane m'a fait penser à Bacchus. Donc j'ai acheté à Voic, pour dix sous, une bouteille de vin excellent, mais je dis tout à fait bon, avec un poulet, et ainsi, elle pleurant, moi buvant, nous cheminâmes tristement. O mon ami, que de drames poignants, que de souffrances et de palpitations peuvent renfermer les trois compartiments d'une diligence ! »

Madame Jaubert était la confidente attitrée des affaires de cœur. La lettre suivante se rapporte à la brouille de Musset avec la princesse Belgiojoso :

« Marraine ! !

« Le fieux est déconfit ! ! !

« Savez-vous ce qu'a fait cette pauvre bête ?

« Il a écrit à cœur ouvert....

« On lui en a flanqué sur la tête.

« On lui en a fait une réponse, ô marraine ! ! une réponse... IMPRIMABLE.

« .... Et savez-vous ce que cette pauvre bête a

commencé par faire en recevant cette réponse immortelle, ou du moins digne de l'être?

« Il (c'est moi) a commencé par pleurer comme un veau pendant une bonne demi-heure.

« Oui, marraine, à chaudes larmes, comme dans mon meilleur temps, la tête dans mes mains, les deux coudes sur mon lit, les deux pieds sur ma cravate, les genoux sur mon habit neuf, et voilà, j'ai sangloté comme un enfant qu'on débarbouille, et en outre j'ai eu l'avantage de souffrir comme un chien qu'on recoud.... Ma chambre était réellement un *océan d'amertume*, comme disent les bonnes gens.... »

Ce grand désespoir produisit les vers un peu trop cruels *Sur une morte* (1er octobre 1842).

Musset semblait prendre à tâche de se faire une réputation de frivolité, dans le pays du monde où elle est le moins pardonnée. L'heure de la gloire approchait pourtant. Il est très difficile de suivre le travail latent qui se fait lentement dans l'esprit du public et qui aboutit tout d'un coup à une explosion de célébrité, surtout quand il s'agit d'un écrivain imprimé depuis longtemps. On peut noter quelques indices, hasarder quelques conjectures; il reste toujours une part de mystère. Le revirement en faveur de Musset a été précédé de symptômes qui étaient assurément très significatifs. Ils sont loin, cependant, de tout expliquer.

Au printemps de 1843, l'enthousiasme excité par

la médiocre *Lucrèce* de Ponsard montrait combien
on était las du romantisme. Musset devait nécessairement profiter de cette révolution du goût. Pour
d'autres causes, qui forment ici la part du mystère,
ses vers commençaient à trouver le chemin de tous
les cœurs; beaucoup de personnes le découvraient.
Cela alla si vite que, trois ans après le succès de
Lucrèce et la chute des *Burgraves*, on rencontre déjà
des protestations contre l'excès de sa faveur auprès
de la jeunesse. Dans les premiers mois de 1846,
Sainte-Beuve copie dans son *Journal* une lettre où
Brizeux lui dit : « Ce qui pourrait étonner, c'est cet
engouement exclusif pour Musset.... J'aime peu
comme art la solennité des châteaux de Louis XIV,
mais pas davantage l'entresol de la rue Saint-
Georges; il y a entre les deux Florence et la nature. » Sainte-Beuve accompagne ces lignes d'une
note qui les aggrave. L'essor pris soudain par
Musset lui paraît ridicule autant que fâcheux, et il
en parle avec aigreur. L'explosion de popularité
déterminée par le succès du *Caprice* acheva de le
mettre hors des gonds. On a déjà vu son réquisi-
toire contre *Il ne faut jurer de rien*. Vers la fin
de 1849, revenant sur la vogue du *Caprice*, il écrit :
« On outre tout. Il y a dans le succès de Musset du
vrai et de l'engouement. Ce n'est pas seulement le
distingué et le délicat qu'on aime en lui. Cette jeunesse dissolue adore chez Musset l'expression de ses
propres vices; dans ses vers elle ne trouve rien de
plus beau que certaines poussées de verve où il

donne comme un forcené. *Ils prennent l'inhumanité pour le signe de la force* [1]. »

Inutile maussaderie; il n'était plus au pouvoir de personne d'empêcher Musset de passer au premier rang, à côté de Lamartine et de Victor Hugo. Après les débauches de clinquant et de panaches des vingt dernières années, on revenait à la vérité et au naturel. Mis en goût de Musset par son théâtre, ceux qui l'avaient applaudi la veille à la Comédie-Française ouvraient ses dernières poésies, et la simplicité de la langue les ravissait. Ils rencontraient des vers dont le réalisme franc et savoureux répondait aux besoins nouveaux de leur esprit, et ils étaient non moins frappés de la sincérité des sentiments. A la question de la Muse dans la *Nuit d'août* :

> De ton cœur ou de toi lequel est le poète?

eux aussi auraient répondu sans hésiter : « C'est ton cœur », et cela les attirait vers l'auteur comme vers un ami avec qui l'on peut s'épancher et ouvrir son âme. On s'abandonna à Musset. Ce qu'il devint en peu de temps pour les nouvelles générations, ce qu'il est resté pour elles jusqu'à la guerre, nul ne l'a mieux dit que Taine. La page qu'on va lire est de 1864. C'est la plus belle et la plus pénétrante qui ait été écrite sur la séduction presque irrésis-

---

1. Écrit au lendemain de la première représentation de *François le Champi* (25 nov. 1849), et réimprimé avec la lettre de Brizeux dans les *Notes et Pensées*, mais sans indication de date.

tible exercée pendant vingt ans par Alfred de Musset :

« Nous le savons tous par cœur. Il est mort, et il
nous semble que tous les jours nous l'entendons
parler. Une causerie d'artistes qui plaisantent dans
un atelier, une belle jeune fille qui se penche au
théâtre sur le bord de sa loge, une rue lavée par la
pluie où luisent les pavés noircis, une fraîche matinée riante dans les bois de Fontainebleau, il n'y a
rien qui ne nous le rende présent et comme vivant
une seconde fois. Y eut-il jamais accent plus vibrant
et plus vrai ? Celui-là au moins n'a jamais menti. Il
n'a dit que ce qu'il sentait, et il l'a dit comme il le
sentait. Il a pensé tout haut. Il a fait la confession
de tout le monde. On ne l'a point admiré, on l'a
aimé ; c'était plus qu'un poète, c'était un homme.
Chacun retrouvait en lui ses propres sentiments, les
plus fugitifs, les plus intimes ; il s'abandonnait, il
se donnait, il avait les dernières des vertus qui nous
restent, la générosité et la sincérité. Et il avait le
plus précieux des dons qui puissent séduire une civi-
lisation vieillie, la jeunesse. Comme il a parlé « de
« cette chaude jeunesse, arbre à la rude écorce, qui
« couvre tout de son ombre, horizons et chemins » !
Avec quelle fougue a-t-il lancé et entre-choqué
l'amour, la jalousie, la soif du plaisir, toutes les
impétueuses passions qui montent avec les ondées
d'un sang vierge du plus profond d'un jeune cœur !
Quelqu'un les a-t-il plus ressenties ? Il en a été trop
plein, il s'y est livré, il s'en est enivré.... Il a trop
demandé aux choses ; il a voulu d'un trait, âprement

et avidement, savourer toute la vie; il ne l'a point cueillie, il ne l'a point goûtée; il l'a arrachée comme une grappe, et pressée, et froissée, et tordue; et il est resté les mains salies, aussi altéré que devant. Alors ont éclaté ces sanglots qui ont retenti dans tous les cœurs. Quoi! si jeune et déjà si las!... La Muse et sa beauté pacifique, la Nature et sa fraîcheur immortelle, l'Amour et son bienheureux sourire, tout l'essaim de visions divines passe à peine devant ses yeux, qu'on voit accourir parmi les malédictions et les sarcasmes tous les spectres de la débauche et de la mort.... »

« Eh bien! tel que le voilà, nous l'aimons toujours : nous n'en pouvons écouter un autre; tous à côté de lui nous semblent froids ou menteurs. »

Il « n'a jamais menti »; il a « ressenti » les peines qu'il a chantées; il a été « plus qu'un poète,... un homme » : c'est bien ainsi qu'il fallait dire; c'est pour cela que nous avons tant aimé Musset, et qu'aucun autre ne peut le remplacer pour nous.

Il put encore jouir de sa popularité, moins cependant que si l'heure en avait sonné dix ans plus tôt. A partir de 1840, les maladies s'acharnèrent sur lui : une fluxion de poitrine, une pleurésie, la maladie de cœur qui devait l'emporter, et puis des crises de nerfs, des accès de fièvre avec délire. Chaque assaut le laissait plus nerveux et plus excessif, trop sensible, trop mobile, trop extrême en tout, soit qu'il s'isolât avec ses maux et sa tristesse, soit qu'il se rejetât avec emportement dans des plaisirs perni-

cieux. Charmant malgré tout dans ses bonnes heures,
et laissant une impression ineffaçable aux échappés
de collège qui venaient frapper à sa porte pour contempler le poète de la jeunesse : « Ce n'était plus,
écrivait l'un d'eux longtemps après, cette image
presque d'adolescent, sorte de Chérubin de la Muse,
que David d'Angers nous a conservée dans son
admirable médaillon ; mais combien ce beau visage
grave, résolu, presque énergique, était différent
de ce portrait de Landelle où l'œil atone est sans
lumière, où la vie semble épuisée ! Une chevelure
encore abondante, mais à laquelle de nombreux fils
d'argent donnaient cette couleur incertaine qui n'est
pas sans harmonie, couronnait un visage un peu
froid et triste au repos, mais que l'esprit, la grâce
animaient bien vite, tout en lui laissant une pâleur
bistrée où se trahissait le mal dont il était déjà
atteint [1] ?

Durant la visite, on parla poésie : « Si ma plume,
dit Musset, n'est pas à tout jamais brisée dans ma
main, ce n'est plus Suzette et Suzon que je chan-
terai. » Ses jeunes interlocuteurs ayant fait allusion
à l'*Espoir en Dieu* et à d'autres pages d'une inspiration analogue, il reprit : « Oui, j'ai puisé à cette
source de la poésie, mais j'y veux puiser plus large-
ment encore ».

C'est ainsi qu'on aime à se représenter Musset sur

---

1. Eugène Asse, *Revue de France*, 1er mars 1881. La visite
de M. Asse doit être placée dans les dernières années de la
vie de Musset.

la fin, sérieux, et échappant du moins par la pensée
à la fange dans laquelle il roulait trop souvent son
corps. L'influence d'une humble religieuse avait contribué au développement des idées graves. Il avait
été soigné pendant sa fluxion de poitrine, en 1840,
par la sœur Marceline, dont il est souvent question
dans ses lettres : *A son frère* (juin 1840) : « ... Je
finirai mes vers à la sœur Marceline un de ces jours,
l'année prochaine, dans dix ans, quand il me plaira
et si cela me plaît; mais je ne les publierai jamais et
ne veux même pas les écrire. C'est déjà trop de te
les avoir récités. J'ai dit tant de choses aux badauds
et je leur en dirai encore tant d'autres, que j'ai bien
le droit, une fois en ma vie, de faire quelques strophes pour mon usage particulier. Mon admiration
et ma reconnaissance pour cette sainte fille ne seront
jamais barbouillées d'encre par le tampon de l'impri-
meur. C'est décidé, ainsi ne m'en parle plus. Mme de
Castries m'approuve; elle dit qu'il est bon d'avoir
dans l'âme un tiroir secret, pourvu qu'on n'y mette
que des choses saines. »

A la maladie suivante, il avait fait redemander à
son couvent la sœur Marceline. Très prudemment,
on lui en envoya une autre. *A la marraine* : « ... Au
lieu d'elle, on m'a décoché une grosse maman,...
grasse, fraîche, mangeant comme quatre, et ne se
faisant pas la moindre mélancolie. Elle m'a très bien
soigné et fort ennuyé. Ah! que les sœurs Marceline
sont rares! combien il y a peu, peu d'êtres en ce
monde qui sachent faire plus, quand vous souffrez,

que vous donner un verre de tisane ! Combien il y en
a peu qui sachent en même temps guérir et consoler !
Quand ma sœur Marceline venait à mon lit, sa petite
tasse à la main, et qu'elle disait de sa petite voix d'enfant
de chœur : « Quel *nœud* terrible vous vous faites là ! »
(elle voulait dire que je fronçais le sourcil), pauvre
chère âme ! elle aurait déridé Leopardi lui-même !... »

Sœur Marceline venait de loin en loin prendre de
ses nouvelles, causait quelques instants et disparais-
sait. Musset, rapporte son frère, considérait ces visites
« comme les faveurs d'une puissance mystérieuse et
consolatrice ». Une seule fois, il l'eut encore pour
garde-malade. *A Alfred Tattet* : « Le samedi 14 mai
1844. — Je viens d'avoir une fluxion de poitrine....
Quand je dis fluxion de poitrine, c'est *pleurésie* que
je devrais dire, mais le nom ne fait rien à la chose....
Vous comprenez que j'ai eu mes religieuses. Ma bonne
sœur Marceline est revenue, plus une seconde avec
elle, bonne, douce, charmante comme elles le sont
toutes, et de plus femme d'esprit.... »

Sœur Marceline avait soigné l'âme en même
temps que le corps et pansé d'une main pieuse,
avec la hardiesse des cœurs purs, les plaies morales
béantes sous ses yeux. Le langage qu'elle tenait à
Musset était nouveau pour lui. Il était austère et con-
solant. Ce qu'elle gagna à Dieu, personne ne l'a
jamais su, mais il est certain que la paix entrait dans
la chambre avec sœur Marceline pour en repartir,
hélas ! avec elle. Les dernières années de Musset ont
été pénibles malgré les joies, vivement goûtées, du

succès grandissant. Sa maladie de cœur lui avait
donné une agitation fatigante. Il était toujours inquiet
et tourmenté, ne dormait plus. Voici les derniers
vers qu'il ait écrits. Ils peignent cet état angoissant,
sans repos ni soulagement :

> L'heure de ma mort, depuis dix-huit mois,
> De tous les côtés sonne à mes oreilles.
> Depuis dix-huit mois d'ennuis et de veilles,
> Partout je la sens, partout je la vois.
> Plus je me débats contre ma misère,
> Plus s'éveille en moi l'instinct du malheur;
> Et, dès que je veux faire un pas sur terre,
> Je sens tout à coup s'arrêter mon cœur.
> Ma force à lutter s'use et se prodigue.
> Jusqu'à mon repos, tout est un combat;
> Et, comme un coursier brisé de fatigue,
> Mon courage éteint chancelle et s'abat.   (1857)

La mort lui fut vraiment une délivrance. Le soir
du 1er mai 1857, il était plus mal et alité. Sœur Marceline n'était pas là, mais son visage patient passa
devant les yeux du mourant, lui apportant une dernière fois l'apaisement. Vers une heure du matin,
Musset dit : « Dormir!... enfin je vais dormir! » et il
ferma les yeux pour ne plus les rouvrir. La mort
l'avait pris doucement dans son sommeil.

On ensevelit avec lui, comme il l'avait ordonné,
un laid petit tricot et une plume brodée de soie que
sœur Marceline lui avait faits dix-sept ans auparavant.
On lisait sur la plume : « Pensez à vos promesses ».

L'enterrement eut lieu par un temps triste et
humide. « Nous étions vingt-sept en tout », dit
Arsène Houssaye. Où donc étaient les étudiants, et

comment laissèrent-ils le corbillard qui portait leur cher poète s'acheminer presque seul au cimetière ?

Sa renommée atteignit son zénith sous le second empire. Elle fut alors éblouissante. Il n'était plus question d'hésiter à le mettre à côté de Lamartine et de Victor Hugo ; ses fidèles le plaçaient même un peu en avant, en tête des trois. Tandis que le courant réaliste emportait une partie des esprits vers Balzac, dont le grand succès date de la même époque, les autres, les rêveurs et les délicats, s'arrêtaient à l'entrée de la route, auprès du poète qui « n'avait jamais menti », s'il se gardait de tout dire. Baudelaire leur faisait honte de s'attarder à de la poésie d' « échelles de soie », mais il perdait sa peine. Il écrivait à Armand Fraisse, dans une lettre dont les termes sont trop crus pour la pouvoir donner en entier : « Vous sentez la poésie en véritable *dilettantiste*. C'est comme cela qu'il faut la sentir.

« Par le mot que je souligne, vous pouvez deviner que j'ai éprouvé quelque surprise à voir votre admiration pour Musset.

« Excepté à l'âge de la première communion,... je n'ai jamais pu souffrir *ce maître des gandins*, son impudence d'enfant gâté qui invoque le ciel et l'enfer pour des aventures de table d'hôte, son torrent bourbeux de fautes de grammaire et de prosodie.... » Baudelaire prêchait dans le désert, comme le prouve une note mise par Sainte-Beuve au bas de sa lettre : « Rien ne juge mieux les générations littéraires

qui nous ont succédé que l'admiration enthousiaste
et comme frénétique dont tous ces jeunes ont été
saisis, les gloutons pour Balzac et les délicats pour
Musset [1] ».

Sa gloire avait rayonné hors de France. Un écrivain anglais distingué, sir Francis Palgrave, lui a
consacré un essai [2] que l'inattendu de certaines
idées, de certaines comparaisons, rend doublement
intéressant pour nous. Après avoir constaté que
« Musset a réussi à franchir les barrières de Paris »,
sir Francis passe ses ouvrages en revue. Il en
trouve guère qu'à blâmer dans la *Confession d'un
Enfant du siècle*, qui lui paraît violente et désor-
donnée, très fausse, malgré ses prétentions au réalisme. En revanche, il place les *Nouvelles* à côté de
Werther, du *Vicaire de Wakefield*, de la *Rosamund
Grey* de Charles Lamb et de certaines pages de
Jane Austen.

Les vers de Musset le font penser, non à Byron,
ainsi qu'on aurait pu le croire, mais à Shelley, à
Tennyson et « peut-être » aux poètes de l'âge d'Éli-
sabeth. Ils sont « musicaux et point déclamatoires ».
D'après lui, les Anglais préfèrent Musset à Lamartine parce qu'il est moins absorbé dans son *moi*, et à
Victor Hugo parce qu'il ne les fatigue pas d'anti-
thèses. Certaines de ses pièces possèdent « une

---

1. La note de Sainte-Beuve est de 1869. Ce sont presque
les dernières lignes de son *Journal*. Sainte-Beuve est mort le
13 octobre 1869.
2. *Oxford Essays*, 1855.

grâce particulière et indéfinissable, une beauté
comme celle du monde ancien, un quelque chose qui
rappelle la perfection éolienne et ionienne ». Les
Contes d'Espagne et d'Italie sont bien extravagants,
mais bien vigoureux.

Le jugement sur l'homme est exquis de délicatesse.
Il nous aurait rappelé, si nous avions été tenté de
l'oublier, qu'on doit parler pieusement des grands
poètes : « Quand des hommes, pétris de cette argile
font quelque chute, dit sir Francis, il ne faut les
juger que respectueusement et avec tendresse. Nous
qui sommes d'une pâte moins fine et moins sensible,
et qui ne pouvons peut-être pas entrer dans les souffrances mystérieuses du génie, dans « ses luttes
« avec ses anges », nous ne devons pas oublier qu'en
un certain sens, mais très réellement, ces hommes-
là souffrent pour nous ; qu'ils résument en eux nos
aspirations inconscientes, qu'ils mettent devant nos
yeux le spectacle de combats plus rudes que les
nôtres, et que ce sont vraiment les confesseurs de
l'humanité. Nous convenons sans difficulté... que
beaucoup des premiers poèmes de Musset, ainsi que
la *Confession,* ne seraient pas à leur place dans un
salon anglais ; que ce sont des ouvrages à réserver
à ceux-là seuls qui ont assez de courage, assez
d'amour de la vérité et de pureté d'âme, pour que
ces tableaux des abîmes de la nature humaine pro-
fitent à la saine direction de leur vie. Mais, tout
cela accordé, nous ne pensons pas qu'on puisse lire
Alfred de Musset sans reconnaître dans son génie

quelque chose dont l'histoire de la poésie française n'avait pas encore offert d'exemple. »

L'opinion allemande ne lui a pas été moins favorable. M. Paul Lindau a consacré tout un volume à Musset [1]. Nous en résumons les conclusions : « Musset, s'il n'est pas le plus grand poète de son temps, en est certainement le tempérament le plus poétique. Personne ne l'égale pour la profondeur de l'intuition poétique, et personne n'est aussi sincère et aussi vrai. Il se peut que ses sentiment soient morbides, mais il les a éprouvés, et l'expression qu'il leur donne est toujours parfaitement loyale. Il hait la comédie du sentiment et les phrases. Il vit dans une crainte perpétuelle de se tromper lui-même.... Il aime mieux se mépriser que se mentir à lui-même.... »

« Cette absolue probité, cette franchise : voilà ce qui nous captive en lui et nous reprend toujours, ce qui nous le rend si cher. Grillparzer a dit que la source de toute poésie était dans la vérité de la sensation. Toute la poésie de Musset s'explique par cette vérité. Quand il se trompe, c'est de bonne foi.... »

M. Paul Lindau rappelle en terminant que Heine « appelait Musset le premier poète lyrique de la France.».

Rien n'a manqué à sa gloire, pas même le périlleux honneur de faire école et d'être imité comme peut l'être un poète : par ses procédés, le choix de ses sujets, son vocabulaire, ses manies, ses petits

---

1. *Alfred de Musset*, Berlin, 1876.

défauts en tous genres. Innombrables furent les
chansons, les madrigaux fringants, les petits vers
cavaliers et impertinents, les piécettes licencieuses,
plus proches de Crébillon fils que de Musset, les
Ninon et les Ninette de la rue Bréda, les marquises
de contrebande et les Andalouses des Batignolles,
dont Alfred de Musset serait aujourd'hui le grand-
père responsable devant la postérité, s'il en avait sur-
vécu quelque chose. Tout cela est oublié, et c'est un
bonheur, car ce n'était pas une famille enviable. Le
Musset des bons jours, des grands jours, celui des
Nuits, pouvait apporter l'inspiration ; il pouvait
allumer l'étincelle couvant dans les cœurs ; il ne
pouvait pas avoir de disciples, car il n'avait pas de
procédés, pas de manière, il était le plus personnel
des poètes. On ne prend pas à un homme son cœur et
ses nerfs, ni sa vision poétique, ni son souffle lyrique ;
en un mot, on ne lui prend pas son génie, et il n'y
avait presque rien à prendre à Musset que son génie.

Les mêmes causes qui l'avaient fait monter si haut
dans la faveur des foules détournent maintenant de
lui la nouvelle école, celle qui grandit sur les ruines
du naturalisme. Nos jeunes gens n'aiment plus le
naturel, ni dans la langue, ni dans la pensée, ni
dans les sentiments, ni même dans les choses. Le
goût du singulier les a ressaisis, et celui des défor-
mations de la réalité. Qu'ils se nomment eux-mêmes
décadents ou symbolistes, c'est le romantisme qui
renaît dans leurs ouvrages, déguisé et débaptisé,
reconnaissable toutefois sous le masque et malgré

les changements d'étiquettes. Il est devenu bien plus mystique. Il a perdu cette superbe qui rappelait Corneille et les héroïnes de la Fronde, pour prendre au moral un je ne sais quoi d'affaissé et d'étriqué. Il est servi par un art compliqué et savant, au prix duquel celui du Cénacle n'était que jeu d'enfant, et qui semble un peu byzantin, comparé au libre et puissant développement de la phrase romantique. Il a le sang moins riche, le tempérament plus affiné, mais c'est lui, c'est bien lui. Quel intérêt pouvait offrir le poète du *Souvenir*, avec ses chagrins si simples, à la portée de tous, et son français classique, à nos curieux de sensations rares, aux inventeurs de l'écriture décadente? Aussi l'ont-ils dédaigné.

La violence de ses sentiments lui a aussi beaucoup nui auprès des nouvelles générations. Celles-ci contemplent avec étonnement les emportements de passion et les déploiements de sensibilité des gens de 1830. Elles sont ou trop pratiques ou trop intellectuelles pour se dévorer le cœur; les maux que Musset a tour à tour maudits et bénis avec une égale véhémence ne leur inspirent que la pitié ironique qu'on accorde aux malheurs ridicules. Quel attrait peut avoir une poésie toute de sentiment et de passion, aux yeux d'une jeunesse pour qui le sentiment est une faiblesse, l'amour une infirmité? Aucun assurément. Et elle a délaissé Musset, qu'elle trouvait aussi démodé par le fond que par la forme.

Il attendra. Son grand tort, c'est d'être encore trop près de nous. Les idées et les formes littéraires

de la veille choquent toujours, parce qu'elles sont
une gêne, et qu'on a hâte de s'en délivrer. Ce n'est
que lorsqu'elles ont définitivement cédé la place et
qu'elles ne font plus obstacle à personne, qu'on les
juge impartialement. Ainsi Lamartine, après une
éclipse presque totale, émerge en ce moment même
des nuées qui l'avaient enveloppé. Ainsi Vigny a une
seconde aurore, plus brillante que la première. Il est
trop tôt pour Musset. Avant d'y revenir, il faut
achever de le quitter, et Musset règne toujours sans
partage, tyranniquement, sur bien des têtes grisonn-
nantes qui « ne peuvent pas en écouter un autre ».
Encore quelques années, et les générations qui lui
ont été asservies auront achevé de disparaître. Alors,
pour lui, ce ne sera pas l'heure de l'oubli; ce sera
l'heure de la justice sereine. La postérité fera le tri
de son œuvre, et lorsqu'elle tiendra dans le creux de
sa main la poignée de feuillets où l'âme de toute une
époque frémit et pleure avec Musset, elle dira, com-
prenant son empire et reprenant le mot de Taine :
« C'était plus qu'un poète, c'était un homme ».

FIN

TABLE DES MATIÈRES

Coulommiers. — Imp. Paul Brodard.

www.ingramcontent.com/pod-product-compliance
Lightning Source LLC
Chambersburg PA
CBHW072040080426
42733CB00010B/1947